Cartes sur table

Infographie : Johanne Lemay

Catalogage avant publication de Bibliothèque et Archives nationales du Québec et Bibliothèque et Archives Canada

Duhamel, Jonathan, 1987-
Cartes sur table

ISBN 978-2-7619-3137-3

1. Duhamel, Jonathan, 1987- . 2. Poker. 3. Joueurs de poker - Québec (Province) - Biographies. I. Rivest, Serge. II. Titre.

GV1250.2.D83A3 2011 795.412092 C2011-941940-8

Gouvernement du Québec – Programme de crédit d'impôt pour l'édition de livres – Gestion SODEC – www.sodec.gouv.qc.ca

L'Éditeur bénéficie du soutien de la Société de développement des entreprises culturelles du Québec pour son programme d'édition.

Conseil des Arts du Canada | Canada Council for the Arts

Nous remercions le Conseil des Arts du Canada de l'aide accordée à notre programme de publication.

Nous reconnaissons l'aide financière du gouvernement du Canada par l'entremise du Fonds du livre du Canada pour nos activités d'édition.

11-11

Dépôt légal : 2011
Bibliothèque et Archives nationales du Québec

ISBN 978-2-7619-3137-3

DISTRIBUTEURS EXCLUSIFS :

Pour le Canada et les États-Unis :
MESSAGERIES ADP*
2315, rue de la Province
Longueuil, Québec J4G 1G4
Téléphone : 450 640-1237
Télécopieur : 450 674-6237
Internet : www.messageries-adp.com
* filiale du Groupe Sogides inc.,
filiale de Quebecor Media inc.

Pour la France et les autres pays :
INTERFORUM editis
Immeuble Paryseine, 3, Allée de la Seine
94854 Ivry CEDEX
Téléphone : 33 (0) 1 49 59 11 56/91
Télécopieur : 33 (0) 1 49 59 11 33
Service commandes France Métropolitaine
Téléphone : 33 (0) 2 38 32 71 00
Télécopieur : 33 (0) 2 38 32 71 28
Internet : www.interforum.fr
Service commandes Export – DOM-TOM
Télécopieur : 33 (0) 2 38 32 78 86
Internet : www.interforum.fr
Courriel : cdes-export@interforum.fr

Pour la Suisse :
INTERFORUM editis SUISSE
Case postale 69 – CH 1701 Fribourg – Suisse
Téléphone : 41 (0) 26 460 80 60
Télécopieur : 41 (0) 26 460 80 68
Internet : www.interforumsuisse.ch
Courriel : office@interforumsuisse.ch
Distributeur : OLF S.A.
ZI. 3, Corminboeuf
Case postale 1061 – CH 1701 Fribourg – Suisse
Commandes :
Téléphone : 41 (0) 26 467 53 33
Télécopieur : 41 (0) 26 467 54 66
Internet : www.olf.ch
Courriel : information@olf.ch

Pour la Belgique et le Luxembourg :
INTERFORUM BENELUX S.A.
Fond Jean-Pâques, 6
B-1348 Louvain-La-Neuve
Téléphone : 32 (0) 10 42 03 20
Télécopieur : 32 (0) 10 41 20 24
Internet : www.interforum.be
Courriel : info@interforum.be

JONATHAN DUHAMEL

Champion du monde de poker 2010

Cartes sur table

LES ÉDITIONS DE L'HOMME

Une compagnie de Quebecor Media

PRÉFACE

J'ai rencontré Jonathan pour la première fois en janvier 2011. Nous étions ensemble à une table de poker où j'ai pu observer son jeu, mais surtout découvrir la fibre d'un « bon gars ». Un jeune homme déterminé. Mais, ce qui m'a le plus impressionné, c'est sa très grande simplicité et sa volonté de se tisser un réseau d'amis, d'alliés, pour échanger des connaissances.

Je crois que ce sont ces qualités qui en font un très bon joueur. Méticuleusement, il a perfectionné son approche du jeu, s'est intégré respectueusement à la communauté et a maîtrisé ses succès humblement.

Et son succès est grand. En tant que Québécois, j'en suis fier. Celui qui réussit à se démarquer ainsi, à persévérer et à inspirer les autres, dans quelque domaine que ce soit, ne peut qu'être l'objet d'une grande fierté.

Pour accéder à un haut niveau de performance, il faut une très grande discipline et beaucoup de passion. Il faut « en manger », avoir le désir de toujours apprendre, et rêver, toujours rêver. C'est vrai dans les affaires, dans les arts, dans les sports, et c'est aussi vrai pour les joueurs de poker.

Depuis cette première rencontre, j'ai pu observer les progrès constants de Jonathan, tant dans son jeu que dans sa vie. Il maîtrise aisément cette approche gagnante fondée sur le respect, l'inspiration et le partage. Ce livre en témoigne. En souhaitant partager son expé-

rience pour inspirer les autres, professionnels ou non, il démontre une grande maturité et une bonne compréhension des valeurs qui guident les grands leaders.

J'espère pouvoir découvrir davantage Jonathan à travers son livre et j'anticipe le plaisir de nous retrouver autour d'une table où la camaraderie contribue grandement à nourrir la joie unique de croquer dans chaque moment de la vie.

Guy Laliberté

AVANT-PROPOS

Le 9 novembre 2010, j'ai été le premier Canadien à remporter le Main Event des World Series of Poker, le tournoi de Texas hold'em sans limites le plus prestigieux et le plus lucratif au monde, auquel s'étaient inscrits 7 319 joueurs provenant de 92 pays. Du coup, je mettais la main sur une bourse de 8 944 310 $.

Ça ne change pas le monde, mais...

Peu de gens me croiraient si je disais que depuis ce moment je ne flotte pas sur un nuage. Et pourtant, même si je demeure extrêmement fier de l'avoir emporté sur les meilleurs joueurs au monde, j'ai quand même le sentiment de n'avoir encore rien accompli au poker. Car, dans ce domaine comme dans tous les autres – qu'il s'agisse du sport, des affaires, de l'art ou de la politique –, le vrai défi est celui de la constance. Là comme ailleurs, on est jugé sur sa dernière performance. Et il faut savoir garder la tête sur ses épaules, tout autant dans le succès que dans l'adversité.

Ma victoire au Main Event des WSOP m'a évidemment procuré beaucoup de satisfactions, mais elle a aussi lancé certains messages en totale contradiction avec mon éthique et mes valeurs fondées sur le respect et le travail. Beaucoup de gens, par exemple, ont affirmé que j'avais abandonné mes études en finance à l'UQAM pour entreprendre une carrière de joueur de poker professionnel. Autrement dit, que j'avais décroché pour jouer aux cartes. Rien n'est plus faux.

À l'été 2008, à la veille d'entamer ma troisième année de baccalauréat et après y avoir longuement réfléchi, j'en suis venu à la conclusion que la finance n'était pas le domaine où j'avais l'intention de passer ma vie. J'ai donc décidé de prendre une année sabbatique pour faire le point, penser à une nouvelle carrière et voyager dans le monde. Ici, au Québec, une telle décision est souvent mal comprise et même assimilée à du décrochage. Mais, en Angleterre et dans les pays scandinaves, il est tout à fait normal et même souhaitable pour les étudiants de prendre ce qu'on appelle là-bas une *gap year*, histoire de se donner du recul pour mieux s'orienter. L'idée de gagner ma vie au poker n'est jamais entrée en ligne de compte dans cette décision.

Bien sûr, à cette époque je jouais déjà sur Internet et j'y faisais régulièrement des gains. Mais ma première véritable immersion dans l'univers du poker eut lieu à la fin de 2008. Au cours de l'automne, un de mes amis m'apprit qu'un important tournoi (le Main Event de l'European Poker Tour) aurait lieu à Prague en décembre. Je décidai de m'y inscrire et de profiter ensuite de l'occasion pour voyager en Europe pendant quelques semaines. Je terminai dixième sur 570 joueurs, ratant de peu la table finale, pour remporter une cagnotte de 42 000 euros, soit près de 70 000 dollars canadiens, ce qui me permit d'assurer ma subsistance pendant une bonne année.

En 2009, j'ai participé à quelques tournois, sans toutefois réaliser de gains significatifs. À l'été, au moment où se terminait mon année sabbatique, je n'étais toujours pas fixé sur un choix de carrière. Mais, grâce au tournoi de Prague, j'avais suffisamment d'argent pour voir venir. J'ai alors décidé de reporter d'un an mon retour à l'université.

C'est en 2010 que les choses ont pris une autre tournure. J'ai joué dans plusieurs tournois aux États-Unis, obtenant des gains dans trois d'entre eux, pour un total de plus de 60 000 $, avant de m'inscrire au Main Event qui débutait à Las Vegas en mai. Au terme de la phase préliminaire, le 17 juillet, j'étais de la table finale de neuf joueurs qui allaient s'affronter quatre mois plus tard et j'étais assuré de gagner au moins 800 000 dollars américains. Quand les hostilités ont repris, j'étais le meneur avec plus du tiers des jetons et mes chances de victoire étaient très bonnes.

Inutile de dire que, dans ces conditions, il n'était pas question de retourner aux études pour interrompre ensuite ma session en novembre. Le reste, comme on dit, fait partie de l'histoire.

Le poker est un jeu passionnant et intense où le hasard joue un rôle moins important que la plupart des gens ne le croient. Pour gagner de façon régulière, il faut y consacrer des heures et des heures d'étude et de pratique, et être habité du désir profond de s'améliorer constamment. Il faut aussi du talent et des habiletés. Certaines de ces habiletés sont innées ; d'autres doivent être acquises au fil des années. C'est précisément de ces compétences qu'il sera question dans cet ouvrage. Certaines relèvent des mathématiques et d'autres, du sens de l'observation. D'autres encore ont trait à la connaissance de soi et des autres. J'en ai fixé arbitrairement le nombre à 20. Certaines se rejoignent et se recoupent, mais une chose est certaine : au cours d'un tournoi, elles entreront toutes en jeu à un moment ou à un autre et feront la différence entre la victoire et la défaite.

Il ne s'agit pas ici d'un livre de recettes ou d'astuces pour gagner au poker et surtout pas d'un répertoire de trucs pour s'enrichir facilement. L'argent facile n'existe pas au poker. Ceux qui y jouent uniquement par appât du gain sont rapidement déçus et l'on ne trouve pas ce genre d'individu parmi les joueurs professionnels. Comme dans une foule d'autres domaines de la vie, c'est le talent, le travail, la détermination et une stratégie bien établie qui donnent des résultats durables.

Au cours des derniers mois, j'ai eu la chance de côtoyer et d'affronter les meilleurs joueurs du monde. J'ai énormément appris d'eux et je continue de le faire. Tous ces champions – de Daniel Negreanu à Phil Ivey en passant par Phil Hellmuth et Allen Cunningham – possèdent les 18 qualités évoquées dans cet ouvrage. Car on ne peut pas gagner sans elles.

CHAPITRE 1

La passion

« Beaucoup de pros n'ont pas la passion de ce qu'ils font et ça fait la différence. J'adore le poker. J'aime tout de ce jeu. C'est le plus extraordinaire jeu du monde. J'essaie toujours de m'améliorer et de progresser. Certains de mes adversaires jouent seulement parce que c'est leur métier, et c'est un gros avantage que j'ai sur eux. »

PHIL IVEY

Tout commence par la passion…

Une passion que rien, pourtant, ne paraissait me prédestiner à éprouver. On présume souvent, même si c'est loin d'être toujours confirmé, que les enfants héritent inévitablement des qualités et des travers de leurs parents. Or jamais le poker, ni aucun autre jeu de pari, n'a franchi les portes de notre maison au cours de mon enfance et de mon adolescence. Mon père Luc Duhamel – machiniste depuis plus de 30 ans chez Pratt & Whitney – et ma mère Johanne Grenier

– caissière à la caisse populaire Desjardins de Boucherville – m'ont appris depuis mon plus jeune âge que l'argent ne pousse pas dans les arbres... ni dans les cartes.

Très tôt, mes parents m'ont inculqué des valeurs fondées sur le travail, la rigueur et l'intégrité. Ils m'en ont constamment donné l'exemple. Déjà, à 13 ans, je consacrais une grande partie de mes étés à la cueillette des fraises chez des producteurs de la Montérégie. Plus tard, dès l'âge de 16 ans, je travaillais pendant l'année scolaire comme manutentionnaire de fruits et légumes au supermarché Provigo de Boucherville, à raison de plus de 30 heures par semaine. Le travail, physique ou intellectuel, ne m'a jamais rebuté. C'est encore vrai aujourd'hui. Ce n'est pas avant le début de la vingtaine que l'idée de pouvoir gagner beaucoup d'argent au poker a véritablement commencé à germer dans mon esprit.

❖

Je me souviens très bien de la première fois que j'ai joué au poker. J'avais 15 ou 16 ans. C'était un vendredi soir, à Boucherville. J'étais avec quelques-uns de mes bons amis, dans le sous-sol chez l'un d'entre eux. Nous regardions la télé, sans projet précis. C'est dans ces circonstances somme toute anodines, au cours d'une soirée qui s'annonçait tout aussi banale que beaucoup d'autres à cette époque, que l'initiation s'est produite. Le frère aîné de notre hôte s'était joint à nous et nous avait proposé un match de poker sous sa variante traditionnelle à cinq cartes. Nous y avons joué toute la soirée, sans enjeu, juste pour le plaisir.

Je ne sais pas si on peut parler de coup de foudre dans un cas comme celui-là, mais j'ai été tout de suite saisi par l'enthousiasme. C'était simple et complexe à la fois. Il y avait de la stratégie, du suspense, du doute, de l'adrénaline, des éléments de calcul qui s'accordaient à mon esprit mathématique. De la chance, aussi, bien sûr. D'ailleurs, l'attrait n'aurait peut-être pas été aussi intense sans cet élément essentiel. C'était comme une partie d'échecs où il y aurait eu l'intervention du hasard. Tous ces ingrédients ont fait que j'ai tout de suite adoré le poker et que ça n'a jamais cessé depuis.

Par la suite, nous avons commencé à jouer plusieurs soirs par semaine, entre amis du voisinage, toujours pour des enjeux modestes. Si le fait de miser rendait le jeu plus complet et plus stimulant, ce n'est pas ce qui était à l'origine de notre passion. C'était plutôt le jeu lui-même. Nous nous sommes d'abord concentrés sur le poker traditionnel à cinq cartes fermées, puis nous nous sommes adonnés à toutes sortes de variantes. Au début, toutefois, le Texas hold'em nous intéressait beaucoup moins, parce que nous trouvions qu'il n'offrait pas beaucoup d'action. Alors, nous préférions jouer en frimant des cartes, ce qui ouvrait énormément le jeu et le rendait beaucoup plus excitant à nos yeux. Mais, à mesure que nous nous sommes améliorés, le Texas hold'em est devenu notre variante préférée. Pour toutes sortes de raisons, dont le fait que cinq cartes sur sept sont ouvertes, cette variante exige beaucoup plus de talent et d'habiletés stratégiques que le poker traditionnel à cinq cartes. En outre, comme elle est plus facile à jouer et à comprendre, on peut trouver plus aisément des adversaires. Voilà pourquoi le Texas hold'em est devenu si populaire au cours des dernières années.

Je me rappelle avec beaucoup de plaisir cette phase de découverte et d'apprentissage. À cette époque, je passais beaucoup d'heures sur Internet pour me renseigner, approfondir mes connaissances, étudier la stratégie et, finalement, jouer, d'abord gratuitement, sur des sites de poker en ligne. Par la suite, un de mes amis a déposé 20 dollars sur un site et je l'ai observé pendant qu'il jouait. Puis j'ai commencé à mon tour à miser de petites sommes et à participer à quelques tournois en ligne, avec plus ou moins de succès au début. Si je pense aujourd'hui avoir démontré que j'ai les qualités nécessaires pour me hisser vers les plus hauts sommets, on aurait tort de s'imaginer que tout a été magique. D'ailleurs, ce n'est magique pour personne. Je perdais plus souvent qu'à mon tour, mais je m'améliorais constamment et, surtout, ma soif d'apprendre et ma passion pour le jeu demeuraient intactes.

❖

La passion pour le jeu peut prendre diverses formes. Pour les gens stimulés avant tout par le risque, elle peut englober l'ensemble des jeux de pari, de la roulette au black-jack, en passant par le backgammon. Elle peut essentiellement se limiter aussi au seul jeu de poker, ce qui est manifestement mon cas. Elle peut aussi se confondre avec l'appât du gain facile, ce qui, soit dit en passant, ne laisse pas entrevoir une très longue carrière. Il arrive aussi que certaines personnes éprouvent un authentique et durable engouement pour le poker, mais ne sentent pas le besoin de pousser beaucoup plus loin leur apprentissage.

Une chose demeure cependant certaine : tous ceux qui ont de réels succès au poker ont commencé par ressentir cette passion et, de façon générale, la ressentent encore. C'est le déclencheur, le premier pas et la condition incontournable pour progresser et gagner de façon constante.

Selon Jonathan *« Pour moi, la passion est l'élément primordial du succès, le feu qui anime tout le reste. On peut travailler à l'alimenter, mais on ne peut la créer de toutes pièces ; c'est ce qui fait d'elle un atout inestimable. »*

La passion dont je parle en est une pour le jeu de poker lui-même. Pas pour l'argent, ni pour le désir de briller, ni pour la victoire, bien que ce soit l'objectif ultime de n'importe quelle compétition. Ce n'est pas non plus l'enthousiasme du dilettante qui aime jouer, mais n'a pas envie de s'y investir. Il s'agit plutôt d'une soif inaltérable d'apprendre et de s'améliorer. À la base de cette passion, il y a à la fois l'humilité de celui qui est conscient de ses faiblesses et de ses lacunes, et la confiance inébranlable de pouvoir progresser, de devenir meilleur en y consacrant le temps, les efforts et les sacrifices nécessaires. La passion ne suffit pas, mais tout découle de là. C'est elle qui nous incite à faire ce qu'il faut pour avancer, à acquérir la discipline, la maîtrise de nos émotions, le sens de l'observation et toutes les autres dispositions dont il est question dans ce livre.

En ce sens, la passion du joueur de poker n'est pas différente de celle qui habite tous ceux qui se donnent la peine de pousser leur talent au maximum, dans n'importe quel domaine de la vie. Je pense par exemple aux joueurs de hockey qui, au départ, ont à la fois la passion de leur sport et le talent nécessaire pour progresser, mais qui doivent consentir des années de sacrifices pour parvenir à la Ligue nationale. Pensons simplement à ces jeunes joueurs qui, dès l'âge de 16 ans – quand ce n'est pas avant –, s'arrachent à leur famille et à leurs amis pour aller jouer dans des ligues junior où chaque semaine ils passent des heures interminables à voyager en autobus entre Rimouski et Val-d'Or, s'astreignent à une discipline exigeante et fournissent chaque jour les efforts nécessaires pour réussir dans un univers extrêmement compétitif. Tout ça sans être certain de jouer un jour chez les professionnels. Ce qui motive ces jeunes à renoncer, dans une certaine mesure, à la vie normale d'un adolescent, c'est la passion qu'ils éprouvent pour leur sport et l'espoir de faire un jour partie de l'élite.

Je songe aussi à Guy Laliberté, que j'ai la chance de connaître et dont j'apprécie énormément la compagnie. Voilà un homme passionné qui, à partir d'un rêve, a non seulement bâti un empire planétaire, mais a carrément créé de toutes pièces un marché unique. C'est un homme qui n'a pas peur d'aller au bout de ses passions et de ses talents. Il ne l'a pas démontré seulement avec le Cirque du Soleil, mais aussi en devenant un joueur de poker nettement meilleur que la moyenne, et en se pliant à l'exigeante discipline nécessaire pour effectuer son voyage dans l'espace en octobre 2009.

Un autre exemple qui me vient à l'esprit est celui de Georges Saint-Pierre, un homme d'une intelligence supérieure qui a pris beaucoup de risques pour aller au bout de sa passion des arts martiaux mixtes. Aujourd'hui, cette passion est pour lui beaucoup plus qu'un métier; elle est carrément un mode de vie nourri d'entraînements quotidiens longs et exigeants, et de philosophie antique et moderne. Pour cet homme qui vit comme un guerrier, l'objectif de bien performer et de répondre aux attentes qu'il s'est lui-même fixées est bien plus important que l'issue du combat, une fois qu'il est à l'intérieur de l'octogone. Je trouve que cette attitude est pleine d'enseignements pour quiconque désire vivre ses passions d'une façon saine et constructive.

Il n'y a aucun doute dans mon esprit que tous ces gens qui ont brillé dans leur domaine ont d'abord connu cette étincelle de passion d'où jaillit l'excellence.

On imagine souvent la passion comme une émotion désordonnée, dévorante, qui peut mener aux pires excès. J'imagine d'ailleurs sans difficulté qu'on puisse être dominé par cette sorte de passion si on ne fait pas attention. Or en ce qui me concerne, je considère la passion comme un carburant, une source d'énergie positive que je mets au service d'un objectif à atteindre. Cet objectif, c'est celui de devenir meilleur. À chaque main, à chaque partie, à chaque tournoi.

Le défi, comme l'évoque Phil Ivey en exergue, est de conserver cette passion du débutant, ce plaisir constamment renouvelé de jouer au poker. Quoi qu'on en pense, les apparences sont trompeuses : ce n'est vraiment pas une tâche facile ! Il n'est pas évident de conserver un degré d'intérêt élevé pour une même activité pendant plusieurs années. L'argent, en particulier, peut changer bien des choses. C'est lorsque l'appât du gain transcende le jeu pour devenir une finalité que la passion se brise souvent. À partir du moment où le poker cesse d'être un passe-temps – si excitant qu'il soit – pour devenir un gagne-pain, il risque aussi de devenir plus mécanique. S'asseoir à une table de jeu, que ce soit pour des parties à l'argent ou en tournoi, finit par ressembler à « une autre journée au bureau ». Quand on devient un joueur à temps plein, « condamné » à passer 50 ou 60 heures par semaine à une table de jeu ou devant un écran d'ordinateur (si on joue aussi en ligne, ce qui est le cas aujourd'hui d'un nombre croissant d'adeptes), il y a certainement un danger de devenir blasé. D'autant plus que, à un certain niveau de performance, le stress augmente considérablement et finit par user même les plus aguerris.

C'est ce qui arrive à beaucoup de joueurs et chacun devrait bien comprendre et méditer cela avant d'envisager de se lancer tête première dans le poker professionnel. J'ai connu tant de joueurs passionnés qui ont perdu la flamme après avoir tenté de mettre le poker au centre de leur vie, comme gagne-pain principal. De telles circonstances peuvent engendrer une sorte de déséquilibre et affecter les performances. La passion intense qu'il éprouve et les succès qu'il connaît poussent le joueur de poker à s'y consacrer pleinement, mais cela peut menacer son équilibre personnel et sa passion initiale. Cruelle ironie ! Le poker étant au départ une passion, il constitue aussi un refuge où l'on veut se retrouver le plus souvent possible. C'est le plaisir au terme d'une journée de travail, une sorte d'oasis hors des responsabilités quotidiennes. Mais quand le poker change de sphère et devient lui-même une responsabilité plutôt qu'un loisir, comment fait-on pour restaurer l'ancien équilibre ? Beaucoup de professionnels tentent d'y arriver en se passionnant pour un autre type d'occupation : un sport, un passe-temps, une activité quelconque. Pour Johnny Chan, c'est la photographie ; Daniel Negreanu, le golf ; Chris Ferguson, la danse. Quant à moi, j'aime toujours autant jouer au hockey – même si je suis un joueur moyen – et suivre les matchs des Canadiens, une passion bien antérieure à celle du poker.

Bien sûr, lorsqu'on commence à accumuler les gains et à se mesurer aux meilleurs joueurs du monde pour des enjeux de plus en plus importants, la passion du poker se transforme quelque peu. On aime encore le jeu, mais il y a d'autres éléments qui entrent en ligne de compte. Il s'agit en effet de continuer de progresser, bien que la concurrence soit plus vive et les risques, plus grands. Il s'agit de relever des défis toujours plus difficiles, chose extrêmement stimulante qui favorise la motivation. Chaque fois que l'on grimpe d'un échelon dans la hiérarchie du poker, on est aiguillonné par le désir de franchir l'étape suivante et de toujours se maintenir au sommet. Comme le poker est en constante évolution, le fait de stagner est toujours une régression. Ce qui fait de moi un bon joueur aujourd'hui ne suffira plus à me faire gagner demain. Il s'agit donc d'un défi toujours renouvelé.

Ce qui compte aussi énormément, une fois qu'on atteint les plus hautes sphères du poker – et c'est sans doute aussi vrai dans la plupart des métiers et professions –, c'est la reconnaissance des gens et en particulier celle de ses pairs. Que des professionnels que je respecte et que j'admire – des Daniel Negreanu, Jason Mercier, Barry Greestein, Vanessa Rousso – me fassent sentir que je suis un des leurs n'est pas seulement pour moi une immense source de fierté, c'est aussi une puissante motivation à me maintenir à leur niveau d'excellence.

Après avoir remporté les Séries mondiales de poker 2010, je me suis retrouvé exactement dans cette situation : en plus d'agir comme une sorte d'ambassadeur du poker jusqu'au prochain tournoi, je devais prouver que ma victoire n'était pas attribuable au hasard et que j'appartenais véritablement à l'élite, même si mes chances de gagner les Séries mondiales 2011 étaient mathématiquement très faibles. Heureusement, dès le mois de janvier 2011, j'ai atteint la première place du tournoi de Deauville en France, empochant ainsi 200 000 euros, soit l'équivalent de 275 000 dollars canadiens. Par la suite, j'ai réussi à bien me classer dans quelques autres tournois, surtout aux États-Unis, de sorte que je suis parvenu jusqu'à maintenant à soutenir la pression inévitable qui s'exerce sur un champion après une victoire dans un grand tournoi. Dans de telles circonstances, il est difficile de ne pas continuer d'être passionné par le poker.

Il y a d'autres situations où la passion risque de s'émousser, du moins pendant un certain temps. Les défaites à répétition et les pertes pécuniaires affectent énormément la confiance en soi et, du même coup, le goût de jouer. Pourtant, tous les joueurs passent par là. Lorsqu'une telle situation survient, les amateurs choisiront souvent de faire une pause plus ou moins longue, histoire de se refaire le moral. Quant aux professionnels, ils voudront tout simplement traverser du mieux qu'ils peuvent cette période de vaches maigres, en essayant de limiter les dommages, bien sûr, mais aussi de retrouver à la fois le plaisir de jouer et le succès à la table.

Lorsque cela se produit, il ne faut pas se mettre trop de pression sur les épaules. Il faut soutenir son intérêt pour tout ce qui se passe à la table, demeurer concentré, continuer de prendre de bonnes décisions et jouer de manière systématique. Il faut aussi profiter des mains auxquelles on ne participe pas pour bien observer ses adversaires, essayer de deviner les coups qu'ils sont susceptibles de jouer et ainsi saisir les occasions de prendre l'avantage sur les autres joueurs. Il n'y a pas de garantie que ça va marcher tout de suite, mais ce qui est certain c'est que les choses finiront par se replacer, à condition de continuer de jouer la partie comme elle doit être jouée.

Tout commence par la passion, mais elle n'est pas nécessairement facile à conserver. Elle part et elle revient. Elle est soumise, dans une large mesure, au succès à la table et aux lois de la probabilité. Quoi qu'il en soit, il demeure essentiel de faire en sorte qu'elle ne nous quitte jamais tout à fait, entre autres choses parce qu'elle est intimement reliée à la confiance en soi... Et le manque de confiance est bien la dernière chose dont on a besoin au poker.

CHAPITRE 2

La confiance en soi

« J'ai toujours eu confiance en moi, mais je n'ai jamais laissé mon ego me faire croire que j'étais une superstar, parce que je sais que l'ego a détruit beaucoup de carrières de poker. »

JIM BOYD

Lorsque je m'assois à une table de poker – que ce soit entre amis ou à un tournoi des Séries mondiales de poker –, je suis gonflé à bloc. Je ne suis pas là pour faire de la figuration ni pour grappiller quelques dollars, mais pour gagner. Je suis là pour prendre possession de la table. Point à la ligne. Bien sûr, les choses ne se passent pas toujours comme ça, mais on ne peut pas jouer au poker de haut niveau sans avoir une grande confiance en soi, en ses moyens, en ses capacités de battre ses adversaires.

Là aussi, il y a bien des analogies à faire avec d'autres disciplines sportives et d'autres domaines de la vie. Quand Roger Federer se présente sur un court de tennis, il n'a pas l'intention de se satisfaire d'autre chose que de la victoire. Lorsque Céline Dion monte sur la scène du Caesar's Palace, il ne lui vient certainement pas à l'esprit qu'elle pourrait commettre une erreur ou laisser échapper une fausse note. Quand Steve Jobs lance une nouvelle version du iPad, la possibilité d'un échec commercial ne lui effleure sans doute même pas l'esprit.

On ne peut pas réussir si on doute de soi. On devient alors timide, craintif, hésitant. On est souvent paralysé par la peur de tout perdre et, comme dit le proverbe, la peur est mauvaise conseillère. Elle empêche de penser clairement et de prendre les bonnes décisions. Or le poker se résume essentiellement à une série de décisions prises en fonction d'une stratégie établie et des informations partielles dont on dispose, soit ses propres cartes, celles qui sont sur la table, le calcul des probabilités et la façon de miser des autres joueurs.

La confiance en soi est étroitement liée au niveau de jeu réel ou supposé de ses adversaires. Toutes les fois qu'on monte d'un cran dans la hiérarchie du poker, un doute s'installe inévitablement, parce qu'on sait qu'on fera désormais face à de meilleurs joueurs. Est-ce vraiment le moment de gravir une autre marche ? Serai-je à la hauteur ? Vais-je recevoir la leçon de ma vie ? Ce sont là des questions qu'il est bien normal de se poser, mais sur lesquelles il ne faut surtout pas s'éterniser si on veut avancer.

Il est facile d'être intimidé au poker. Je me souviens des premières fois où j'ai affronté des joueurs bien établis, que j'avais souvent vus à la télévision, que j'admirais et dont je suivais de près la carrière. Je ne dirai pas que j'ai été perturbé au point d'en perdre mes moyens, mais j'étais certainement impressionné. Un peu, sans doute, comme un jeune gardien de but de la Ligue nationale de hockey qui voit pour la première fois Alexander Ovechkin s'amener en échappée. Lors de ces premières confrontations avec les grands du poker, j'essayais, dans la mesure du possible, de ne pas trop croiser leur regard, d'oublier qui j'affrontais, de me convaincre que, malgré tout le respect que j'éprouvais pour eux, ces joueurs n'étaient que des adversaires comme les autres et que j'étais capable de les battre.

Il m'a suffi de remporter quelques mains pour réaliser que leur notoriété ne leur donnait pas sur moi un avantage aussi grand que bien des gens auraient pu le croire. Il est évident que c'étaient de très bons joueurs, mais je me suis vite rendu compte que, si j'étais assis à la même table qu'eux, si j'étais dans la même ligue que ces champions, ce n'était pas le fruit du hasard. Après tout, il y a 52 cartes dans un jeu et chaque joueur en obtient le même nombre. Pour le reste, il s'agit de prendre les bonnes décisions. C'est dans cet esprit qu'il faut aborder le poker : sans arrogance, mais sans complexe.

En fait, si la progression dans la hiérarchie du poker impose une pression supplémentaire et s'accompagne souvent d'une phase de doute, elle contribue aussi énormément à bâtir la confiance. Quand on se mesure à de meilleurs joueurs et que l'on continue d'obtenir du succès, c'est une confirmation très nette que, peu importe la qualité de ses adversaires, on sait prendre les bonnes décisions de manière constante.

❖

Il faut savoir toutefois que, tout au moins au poker, on peut distinguer deux types de confiance en soi : celle qui se manifeste à court terme, pendant le déroulement d'une partie ou d'un tournoi, qui aura des hauts et des bas selon les circonstances; et celle qui s'établit à long terme, qui correspond à un état d'esprit, à un sentiment permanent d'assurance qu'éprouve généralement un joueur qui connaît une séquence plus ou moins prolongée de succès.

Par exemple, la position d'un joueur à la table peut influencer énormément sa confiance à court terme, surtout s'il est le premier à parler et qu'il a à sa gauche un joueur qu'il redoute. Comme le poker est un jeu où il faut prendre des décisions en fonction d'informations partielles, celui qui est le dernier à miser profite d'un avantage, car il en sait plus que les autres. Il a vu qui s'est couché, qui a misé et combien; il a eu la chance d'observer ses adversaires et a ainsi de bien meilleures chances d'évaluer adéquatement sa position.

Je me souviens que, au cours des dernières Séries mondiales de poker, j'avais eu à ma gauche, pendant toute une journée, un adversaire redoutable que je respecte beaucoup, Phil Galfond. Phil est un joueur très intelligent et surtout très agressif, en particulier quand il sent qu'on le craint. Je dois avouer qu'à cette occasion, il m'avait fait vivre une journée de cauchemar, relançant constamment les mises et me plaçant la plupart du temps en situation de déséquilibre. Ma confiance avait été vraiment affectée, il s'en était rapidement aperçu et en avait profité. Je jouais sur les talons et ne réussissais pas à prendre l'initiative. Bref, voilà des circonstances où la confiance peut être sérieusement ébranlée et où l'on en est réduit à tenter de limiter les dégâts. Mais il ne s'agit que d'une seule journée et cela n'a généralement pas beaucoup de conséquences durables. La confiance à long terme, par contre, est une chose beaucoup plus importante. C'est celle qu'on veut conserver, parce que c'est elle qui aide à gagner régulièrement et qui distingue les champions des autres joueurs.

Il est facile de gagner quand la chance est avec vous. Le véritable défi, c'est de réussir à le faire quand les cartes ne vous sont pas favorables. C'est à ce moment qu'il est essentiel d'être en pleine possession de ses moyens, d'avoir une lecture claire du jeu et de prendre des décisions logiques qui ne soient pas inspirées par l'émotion. C'est seulement quand on est habité par un sentiment de confiance, et qu'on peut le faire sentir aux autres joueurs, qu'on est en mesure de s'imposer à la table. Mais pour maintenir cette confiance, même quand on perd souvent, il faut une certaine force de caractère. Il est normal d'avoir envie de changer de stratégie quand les choses ne fonctionnent pas, mais c'est précisément ce qu'il ne faut pas faire. C'est pourquoi les crises de confiance qui surviennent durant les périodes creuses sont parmi les épreuves les plus difficiles qu'un joueur puisse traverser.

Pourtant, tous les joueurs, même les meilleurs, traversent des périodes plus ou moins longues de vaches maigres. Ils savent que c'est inévitable, parce que la variance mathématique fait partie intégrante du jeu. Le problème, c'est que les joueurs de poker ne sont pas des machines. Ce sont des êtres humains qui, face à une suite de mauvais résultats, se posent des questions et commencent à douter d'eux-mêmes. Mes succès passés étaient-ils dus à la chance plutôt qu'à mon habileté ? Devrais-je adopter une nouvelle stratégie ? Devrais-je prendre plus de risques ou, au contraire, être plus prudent ? C'est à ce moment qu'on entre dans un cycle infernal où le niveau de confiance peut fondre, au point où l'on est incapable de savoir si les pertes qu'on a essuyées sont dues à un manque de compétence ou simplement au mauvais sort.

Ce cycle infernal se traduit souvent au cours d'un match par ce qu'on appelle, dans le jargon du poker, le *tilt*, qui est vraiment la pire chose qui puisse arriver à un joueur. Le *tilt*, c'est ce qui se passe lorsqu'un joueur, que ce soit par dépit, colère ou frustration, laisse ses émotions dicter sa façon de jouer plutôt que de s'en remettre à la raison et à la logique. Cette perte de contrôle peut se manifester de bien des manières. Ainsi, tel joueur, souvent après avoir perdu une grosse mise, sera excessivement agressif et prendra des risques inutiles dans l'espoir – le plus souvent illusoire – de se refaire rapidement. Un autre, au contraire, aura tendance à se replier et à jouer de façon trop défensive, à jouer moins de mains et à être plus timide dans ses relances, ce qui l'empêchera de faire monter les enjeux et de gagner de gros pots. Dans les deux cas, il s'agit de joueurs qui abandonnent leur style habituel par manque de confiance. Quand vous changez aussi ouvertement de tactique, vous lancez inévitablement le message à vos adversaires que vous ne maîtrisez pas votre partie, que vous êtes paniqué et vulnérable. Vous pouvez être certain qu'ils ne manqueront pas d'en profiter. Le *tilt* est le pire ennemi du joueur de poker, car il l'empêche de réfléchir avec clarté et de prendre les bonnes décisions. Il est essentiel de pouvoir l'identifier et de le maîtriser très rapidement après qu'il s'est emparé de vous. Sinon, il peut vous coûter très cher.

Si la confiance est une chose particulièrement difficile à restaurer au poker, c'est que, contrairement à la plupart des autres types de compétitions, la variance joue un rôle important dans les résultats. Il est vrai que dans les sports individuels et collectifs, des joueurs et des équipes connaissent des passages à vide qui affectent leur confiance et leur concentration. Cependant, même si on entend souvent des lieux communs du genre « la *puck* ne roulait pas pour nous autres », ces sportifs savent bien que les microsecondes ou que les millimètres qui font la différence entre un coup de circuit et un ballon au champ gauche, entre un but et une rondelle qui frappe le poteau, entre un oiselet et une normale, ne relèvent pas de la chance, mais de la condition physique et de la coordination. Le joueur de poker, lui, sait qu'il doit composer avec le hasard, mais sans pour autant le considérer comme un facteur déterminant. Autrement dit, le fait qu'il ait perdu les quinze ou vingt dernières mains ne devrait pas influencer sa façon de jouer la prochaine. Plus facile à dire qu'à faire ? Sans aucun doute, mais il ne faut jamais oublier que, contrairement à nous, les cartes n'ont pas de mémoire.

Comment se sortir d'une crise de confiance au poker ? Une réponse simpliste serait de dire : en recommençant à gagner. C'est évident, mais c'est justement le problème : puisque votre manque de confiance affecte votre jeu, vous avez moins de chances de faire ce qu'il faut pour gagner et vous risquez donc de voir se prolonger votre insuccès. Donc, il n'y a pas de recette magique. Certains joueurs choisissent de laisser passer l'orage et cessent momentanément de jouer au poker. D'autres tenteront de refaire le plein de confiance en jouant de plus petites mises pendant un certain temps. Comme la pression sera alors moins forte, ils seront moins obsédés par la peur de perdre et joueront de façon plus logique et disciplinée. Beaucoup d'autres, par ailleurs, retourneront à l'entraînement, c'est-à-dire au poker en ligne. S'il y a de plus en plus de bons joueurs de poker sur la planète, c'est indiscutablement grâce à Internet, qui a rendu le jeu beaucoup plus accessible et a permis à des milliers de personnes d'en apprendre les rudiments, de le pratiquer et de progresser. C'est mon cas et c'est celui de beaucoup d'autres joueurs d'élite que je connais. Le poker en ligne est aussi un outil formidable pour retrouver la confiance. On peut y jouer pour des mises minimes ou même sans mise, et on peut ainsi s'améliorer sans frais. Surtout, on peut recommencer à gagner après une période creuse et c'est à ce moment que la confiance renaît. C'est une simple question de variance mathématique. Avant Internet, il y avait des limites au nombre de mains qu'on pouvait jouer, car les parties étaient jouées « en personne ». Aujourd'hui, avec le poker en ligne, un seul joueur peut jouer des millions de mains en une seule année. Il peut même jouer plusieurs parties simultanément, comme je le fais fréquemment ! Or la variance fait en sorte que, sur une longue période, un joueur de fort calibre réalisera inévitablement des gains. Pour beaucoup de joueurs, la confiance revient grâce au poker en ligne.

❖

La confiance en soi est tellement importante au poker qu'on a peine à imaginer qu'on puisse en avoir trop. Pourtant, il y a une nuance importante qu'il faut souligner à grands traits. La confiance – au poker comme ailleurs – ne doit jamais aller jusqu'à sous-estimer ses adversaires, peu importe leur calibre réel ou supposé.

Même si la confiance est essentielle pour gagner de façon constante au poker, le fait de se croire supérieur à ses adversaires – par exemple pendant une séquence victorieuse – peut comporter beaucoup de dangers pour le joueur non averti. L'excès de confiance altère le jugement tout autant que la peur de perdre et risque de donner les mêmes résultats. On devient moins vigilant, on joue plus de mains, on se pose moins de questions avant de miser et on prend plus de risques non calculés. Bref, on devient paresseux, parce qu'on croit qu'on n'a plus besoin de s'améliorer et que tout sera facile. Cette forme d'arrogance peut devenir extrêmement pernicieuse, dans la mesure où le joueur trop sûr de lui attribuera ses pertes à la malchance plutôt qu'à la piètre qualité de son jeu et... il continuera de perdre.

Ce qu'il faut toutefois savoir, c'est que, si cruciale soit-elle, la confiance en soi au poker n'est pas une chose suspendue dans l'air. Elle doit s'appuyer sur des bases solides, dont l'une des plus importantes est certainement la capacité de projeter des calculs de probabilités à partir des informations dont on dispose, soit ses propres cartes cachées et celles qui sont distribuées par la suite au flop, au tournant et à la rivière.

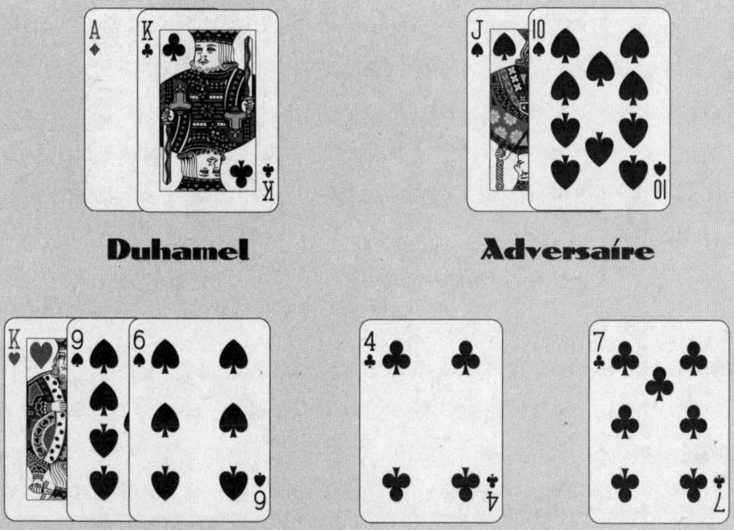

Nous étions au jour 3 de l'événement principal des Séries mondiales de poker 2010. Même si mon tapis n'était pas supérieur à la moyenne, les choses allaient plutôt bien pour moi. J'avais une excellente lecture de la table et de chacun des joueurs et j'avais vraiment l'impression de maximiser les potentialités de chaque main. Bref, je réussissais à gonfler progressivement mon tapis sans prendre trop de risques. J'étais là où je voulais être dans le tournoi et j'étais en pleine confiance.

Vers l'heure du souper, un joueur actif que je juge alors assez bon relance pré-flop en position médiane. Je découvre A-K non assorti du petit blind et relance à mon tour. Il appelle et le flop suivant apparaît: K♥-9♠-6♠. Je mise environ 60 % du pot et mon adversaire relance trois fois la valeur de ma mise. Je ne veux pas relancer car, s'il fait tapis, je tirerai probablement de l'arrière et je ne veux pas jouer un énorme pot à ce stade du tournoi. Toutefois, je juge que je ne peux pas me coucher avec la main dont je dispose. J'appelle donc.

Après le tournant 4♣, je fais parole et, à ma surprise, mon adversaire fait de même. Après la rivière 7♣, je mise environ la moitié du pot, pensant alors que j'ai la meilleure main et espérant me faire payer par une main plus faible, soit toute paire entre 9 et K. Il pourrait même m'appeler avec une paire de 9 ou même une paire de 7 obtenue à la rivière, s'il disposait d'un tirage au flop avec 7 et 8, par exemple.

À ma grande surprise, il relance 3,75 fois la valeur de ma mise, ce qui me force à engager plus de la moitié de mon tapis. Je fais donc face à une décision aussi difficile que cruciale pour la suite des événements.

Mon adversaire peut avoir un brelan de 6 ou de 9 ou même avoir frappé un brelan de 7 à la rivière. Par contre, ce tableau présente aussi énormément de tirages ratés, comme le pique qui n'est pas complété, ou encore 7 et 8 qui n'ont abouti qu'à une seule paire. Je sais aussi que, selon lui, je possède une paire de rois ou une autre paire entre K et 9. S'il a effectivement un tirage manqué, je sais qu'il sait que la seule manière possible de remporter le pot est de tourner sa main en bluff en relançant, comme il vient de le faire. Donc, même si je perds contre un bon éventail de mains, je pense que mes chances d'être en avance sont bien réelles. Après avoir pris tout cela en considération, je décide d'appeler.

Mon adversaire ouvre alors J♠ 10♠ pour un tirage à la couleur et à la suite effectivement raté. J'amasse un gros pot qui accroît un sentiment de confiance déjà très solide. Or, si je n'avais pas bâti cette confiance dans les heures précédentes, j'aurais peut-être eu plus de difficulté à appeler.

CHAPITRE 3

Un ordinateur dans la tête

« Un bon joueur doit avoir des notions solides en mathématiques. Il doit connaître les pourcentages et savoir qu'il a une chance sur huit d'avoir un brelan s'il détient une paire. Il faut comprendre les maths du poker avant d'espérer jouer pour de l'argent. »
PATRICK BRUEL

Lorsque je joue au poker, j'éprouve souvent le sentiment que ma tête est une espèce de disque dur où sont emmagasinées toutes les données dont j'ai besoin pour prendre les bonnes décisions. Pas seulement les calculs de probabilités, mais aussi le style de mes adversaires et la taille de chacun des tapis, le montant des mises, quel joueur vient de réaliser un gros gain ou de perdre beaucoup de jetons, lequel est susceptible d'être en *tilt* ou en excès de confiance. Il n'y a pratiquement pas de limites au volume d'informations qu'on peut accumuler dans le cours d'un match et chacune d'elles peut faire la différence entre un gain ou une perte.

Chaque joueur a sa propre façon de gérer les données qu'il recueille au cours d'une partie de poker. Certains, comme Chris Ferguson – docteur en sciences informatiques –, accordent une importance primordiale aux informations d'ordre mathématique. D'autres, comme Daniel Negreanu, misent davantage sur leur capacité de lire leurs adversaires. D'autres sont plus intuitifs, même si on réalise à la longue que leurs décisions sont logiques et donnent de bons résultats, ce qui, au fond, est tout ce qui compte.

Beaucoup de gens croient que pour être un champion de poker, il faut posséder des habiletés mathématiques dignes du héros de *Rain Man*, ce film dans lequel Dustin Hoffman joue le rôle d'un autiste doué d'incroyables capacités en calcul et d'une mémoire phénoménale. Il est certain qu'il n'est pas nécessaire de posséder un doctorat pour exceller au poker, mais il est tout aussi vrai que les mathématiques y sont étroitement reliées, ne serait-ce qu'en raison de la nécessité constante de recourir au calcul des probabilités.

Sans prétendre posséder les habiletés de Chris Ferguson dans ce domaine, j'ai quand même la chance d'avoir toujours été très doué pour les mathématiques. D'aussi loin que je m'en souvienne, c'est toujours la matière qui m'a le plus intéressé à l'école, celle dans laquelle j'avais les meilleurs résultats et qui m'inspirait constamment le goût d'en savoir plus. Je suis persuadé qu'aujourd'hui ce talent me sert très bien au poker. Au-delà de la simple manipulation des chiffres, je dirais aussi que j'ai su reproduire au poker la minutie, l'application et la discipline dont j'ai toujours fait preuve dans mes cours de mathématiques et dans mes études de finances à l'université.

❖

Pour performer efficacement au poker, il faut connaître un certain nombre de données de base essentiellement mathématiques qui ne sont quand même pas si compliquées à maîtriser.

Disons tout d'abord qu'au poker hold'em, il existe 1 326 combinaisons possibles de mains, soit les deux premières cartes cachées que je reçois et qui détermineront dans une large mesure ma décision de miser ou non. Chacune de ces combinaisons de départ porte un pourcentage de probabilités de gain qui, évidemment, varie selon le nombre de joueurs et au fur et à mesure que d'autres cartes sont distribuées. Cela dit, à peine un mince pourcentage de mains de départ valent la peine de se mouiller, et encore, pas à n'importe quel prix.

Par exemple, supposons que je reçoive d'entrée de jeu une paire de valets. C'est une main de départ très forte, qui me donne plus de trois chances sur quatre de remporter le pot si je n'ai qu'un seul adversaire à la table qui dispose d'une main aléatoire. Je peux la jouer en toute confiance. Par contre, si j'ai en main cette même paire de valets à une table de 10 joueurs, mes chances de gain tombent à environ 20 % et je peux me lancer si et seulement si les conditions observées le justifient. Dans tous les cas, il s'agit d'un jeu beaucoup moins automatique qu'en face à face. Plus il y a de joueurs à la table, plus il y a de chances qu'un ou plusieurs de mes adversaires aient un gros jeu.

Donc, le fait de connaître les probabilités de chaque combinaison, que ce soit au départ ou après le flop, me permet d'avoir en tout temps un portrait relativement clair de ma situation et de mieux contrôler mon jeu. Quand on songe qu'au bridge il y a plusieurs milliards de combinaisons possibles, on se dit que le poker n'est quand même pas si complexe. Bien sûr, on peut pousser très loin l'éventail des possibilités si on a un esprit mathématique extrêmement développé, mais il n'est pas nécessaire d'atteindre des niveaux très élevés de complexité pour prendre des décisions avisées et payantes.

Il y a cependant une chose essentielle qui différencie les joueurs moyens des champions : la capacité de calculer rapidement et efficacement ce qu'on appelle les « cotes du pot », soit les probabilités de gain dans une situation donnée. Il s'agit, au fond, du ratio entre la somme qu'on doit mettre dans le pot et celle que peut rapporter ce même pot, compte tenu bien sûr des cartes que l'on a par-devers soi. En clair, ce ratio va m'indiquer si, au strict plan monétaire, ça vaut le coup d'investir dans ce pot.

Supposons que je détienne A (♠) et 9 (♠) et que les cartes complétant le tableau soient K (♠), 6 (♠), 10 (♥) et 2 (♦). Le pot est de 25 $. Je n'ai qu'un seul adversaire et il fait tapis avec les 15 $ qui lui restent. Quelles sont mes chances de l'emporter si je décide de suivre en appelant sa mise 15 $ moi aussi, dans un contexte où il ne reste plus qu'une seule carte à venir ?

Je dois d'abord connaître le ratio « coût-bénéfice » afin de déterminer si mon investissement a des chances d'être rentable. Dans le cas qui nous occupe, il m'en coûterait 15 $ pour gagner 40 $, ce qui représente un ratio de 37,5 % (15 ÷ 40). Il me faut ensuite établir quelles sont les cartes susceptibles de me donner une main gagnante, advenant que mon analyse me pousse à croire que mon adversaire a en main une paire de rois. Il s'agit, en l'occurrence, de n'importe quelle carte en pique restante et de n'importe quel as restant. Il y a 13 cartes de pique par paquet, j'en ai 2 dans les mains et 2 autres sont sur la table. Il en reste donc 9. Par ailleurs, il y a 4 as dans un jeu et j'en ai un en main. Il en reste donc 3. C'est dire que 12 cartes sont susceptibles de me donner une main gagnante. Dans le jargon du poker, ces cartes gagnantes sont appelées les *outs*.

Il s'agit maintenant d'évaluer mes chances de gain en fonction de ces cartes. Sur les 52 cartes du jeu, 6 me sont connues, soit les 2 qui composent ma main et les 4 qui figurent au tableau. Il en reste 46 qui me sont inconnues. Mes chances de gain sont donc de 12 sur 46, soit un ratio de 26 %. (Une autre méthode, plus simple mais un peu moins précise, consiste à multiplier par 2 le nombre des *outs*, ce qui nous donnerait ici 24 %, soit une approximation quand même assez fidèle des probabilités.) Donc, si mes chances de gagner (26 %) sont moindres que le ratio de rentabilité de l'investissement (37,5 %), il est préférable de me coucher.

Évidemment, lorsqu'il n'y a pas de tapis en jeu, les calculs à effectuer risquent d'être plus complexes. Il s'agira alors d'évaluer ce qu'on appelle les cotes implicites – soit l'espérance de gain –, qui sont particulièrement importantes dans les parties sans limites et celles où la taille des tapis risque d'être élevée.

Supposons que j'aie en main Q (♠) et 5 (♠) et qu'au flop sortent K (♠), 6 (♠) et 10 (♦). Comme dans l'exemple précédent, le pot est de 25 $, sauf que cette fois-ci mon adversaire ne fait pas tapis, mais mise plutôt 15 $ sur un tapis de 200 $ alors que mon propre tapis est de 240 $. Je suis à nouveau invité à investir 15 $. Donc, comme dans l'exemple précédent, j'ai environ 25 % de chances qu'une carte gagnante sorte, pour un ratio coût-bénéfice de 37,5 %. La logique exigerait donc que je me couche à nouveau ? Pas nécessairement, car cette fois le calcul n'est plus tout à fait le même, parce que d'autres mises pourraient survenir et faire augmenter le montant du pot. Ce qu'il me faut donc évaluer maintenant, ce ne sont plus seulement mes chances de remporter la somme qui est sur la table, mais la possibilité qu'un montant supplémentaire s'y ajoute. En effet, si une carte gagnante sortait au tournant ou à la rivière, alors je pourrais obtenir plus que les 40 $ qui sont présentement en jeu.

Par contre, qu'arrive-t-il si ma carte ne sort pas au tournant et que mon adversaire mise à nouveau ? Je devrai encore payer, alors qu'il ne reste plus qu'une carte à distribuer. Par ailleurs, si jamais j'obtiens ma couleur à la dame, mais que l'autre l'obtient à l'as, alors il pourrait bien me prendre tout mon tapis.

Comme on le voit, le calcul des cotes implicites exige donc davantage que des capacités mathématiques : il requiert aussi une bonne connaissance de mon adversaire, car c'est cela qui déterminera en grande partie ma décision. Si j'ai devant moi un joueur agressif, je suis certain qu'il misera au tournant et sans doute aussi à la rivière. En le suivant, j'ai donc de très bonnes chances de voir la valeur du pot augmenter. Si mon adversaire est plutôt craintif, il pourrait aussi être avantageux de le relancer, car il pourrait décider de coucher sa main si je me montre confiant. Si par contre il joue serré, alors il est probable qu'il n'investira pas davantage. Dans une telle situation, comme je suis pas mal certain que l'adversaire aura peur si une possibilité de couleur sort, il est probable que le montant du pot n'augmentera pas si je touche et je devrais donc coucher ma main.

Une fois qu'il a intégré la notion de calcul des cotes du pot et des cotes implicites, un joueur de poker peut vraiment passer à un autre niveau, car il vient alors d'ajouter une arme efficace à son arsenal. Ne vous laissez surtout pas rebuter par les calculs: les mêmes cotes reviennent très souvent et vous apprendrez rapidement à les maîtriser dès que vous verrez vos cartes apparaître.

Il existe aussi un autre élément mathématique qui influence énormément le déroulement d'un match et la décision de jouer ou non une main: c'est le nombre de joueurs autour de la table. Lorsqu'il y en a dix, comme je l'ai expliqué précédemment, il y a beaucoup plus de chances qu'au moins l'un d'entre eux ait une bonne main, ce qui incite à la prudence et à la patience. C'est pourquoi, dans de telles circonstances, on est plus sélectif sur ses mains de départ et on ne joue généralement qu'une main sur six ou sept. Lorsqu'on est en situation de face à face, par contre, on peut se permettre d'être plus agressif et de bluffer davantage, jouant autant que neuf mains sur dix.

Comme je viens de l'évoquer, l'ordinateur dans la tête ne sert pas seulement à enregistrer des données mathématiques et à effectuer des calculs plus ou moins complexes. Le champion de poker analyse toutes les informations qu'il est en mesure d'emmagasiner et qui l'aideront à prendre les meilleures décisions. Plus il pourra en recueillir, les mettre en rapport les unes avec les autres et les traiter efficacement, meilleur il sera à long terme.

Ce qu'il faut savoir à cet égard, c'est que dans le cours d'un match ou d'un tournoi, le moindre détail est susceptible d'apporter de l'eau à mon moulin et de m'aider à réaliser des gains de façon régulière. C'est pourquoi l'ordinateur dans ma tête doit toujours fonctionner à plein régime, comme un hamster dans sa roue. Je dois être constamment à l'affût de tout ce qui se passe à la table, de tous les signaux qui se manifestent et en particulier des gestes, attitudes et réactions de mes adversaires. Qui sont-ils? Quels sont leurs objectifs dans le tournoi ? Comment chacun est-il perçu par les autres ? Est-il en situation de *tilt* ? Est-il fatigué ? Comment a-t-il joué ses tirages jusqu'à maintenant ? L'importance de connaître ses adversaires sera abordée en détail dans un chapitre ultérieur, mais, pour l'instant, disons qu'il faut traiter tous les signes qu'on perçoit dans un match de poker comme autant de données qu'il faut savoir intégrer et analyser pour en tirer le meilleur parti possible.

Selon Jonathan

« Pour moi, avoir un ordinateur dans la tête rend possible l'évaluation de toutes les variables qui entrent en compte lors d'une juste prise de décision. Si l'on doit certainement une part de ses accomplissements à son intuition, c'est la capacité de passer en "mode mathématique" qui permet de maintenir un taux de succès supérieur. »

Mais attention ! Même si la découverte de l'outil mathématique est un pas en avant pour le joueur de poker, elle comporte par ailleurs un risque très réel : celui de faire dire aux chiffres autre chose que ce qu'ils veulent vraiment dire. Souvent, le joueur amateur aura inconsciemment déjà pris une décision et au lieu d'analyser rationnellement les informations dont il dispose pour agir logiquement, il ne tiendra compte que de celles qui valident la décision qu'il a prise, ignorant les autres. C'est là un danger dont il faut être conscient.

Cela dit, cette capacité d'accumuler et de traiter rapidement l'information apporte aussi une certaine constance, un certain automatisme qui permet de mieux gérer le stress. Il y a à ce sujet un parallèle intéressant à établir avec certains sports qui exigent une forte capacité de concentration.

Par exemple le golf, un sport où le moindre relâchement de l'attention peut avoir des conséquences désastreuses. Le golfeur professionnel a lui aussi une sorte de disque dur dans la tête qui lui indique le choix du bâton, la position du corps et le coup à jouer selon la distance, la direction et la force du vent, l'inclinaison du terrain ou le type d'obstacle naturel qui se trouve entre lui et le vert. Pour évacuer autant que possible la tension, le golfeur professionnel se bâtit également une routine stricte – toujours la même – qui l'aide à se concentrer et à éviter les distractions. Le regard vers la balle, la prise de position, les élans préparatoires, la respiration, tout ce processus qui ressemble à un rituel l'aide à contrôler ses émotions et à se maintenir dans ce qu'il est convenu d'appeler une « zone de confort ».

Au-delà des chiffres, des calculs de probabilités et de la nécessité d'être à l'affût du moindre détail, l'ordinateur dans ma tête doit aussi être toujours en mesure d'avoir un portrait global du tournoi ou du match en cours et, autant que possible, de voir au-delà du moment présent, un peu comme aux échecs. Ce qui permet d'acquérir ces précieuses informations, c'est un sens aigu de l'observation. C'est aussi à cela que sert l'ordinateur dans ma tête : stocker des données de toutes sortes qui m'aideront à prendre des décisions.

Outre les données relevant du calcul des probabilités, le joueur de haut niveau tient compte de tous les aspects du poker qui ne sont pas purement d'ordre technique ou mathématique, mais qui sont par ailleurs absolument cruciaux dans l'issue d'un match. Par exemple, je connais la plupart des adversaires que j'affronte en tournoi. J'ai déjà joué contre eux et je me rappelle nos rencontres précédentes, de la même façon qu'eux aussi se souviennent de moi. Que s'est-il passé, par exemple avec Michael Mizrachi, les dernières fois que nous avons joué ensemble ? Qui avait eu le dessus ? Comment jouait-il ses mains ? Quelle était son attitude ? Était-il agressif ou plutôt prudent ? Avait-il essayé souvent de me bluffer ? Avais-je détecté chez lui des points faibles ou avais-je moi-même été mal inspiré sur certains coups, et pourquoi ? Je suis certain qu'il se livre lui aussi au même genre d'analyse. Et, même si je n'ai jamais joué contre tel adversaire, je le connais quand même de réputation, j'ai analysé certains de ses matchs et j'ai une bonne idée de son style. Lui-même, de son côté, a certainement étudié mon jeu.

Ce qu'il faut savoir, c'est qu'aux plus hauts paliers du poker – comme pour la plupart des sports individuels –, les joueurs sont à peu près égaux sur le plan technique. Chacun maîtrise à fond le calcul des probabilités et peut analyser avec justesse sa position à n'importe quel moment d'un match ou d'un tournoi. C'est donc autre chose qui fait la différence, soit bien sûr le hasard de la distribution des cartes, mais aussi le sens de l'observation, la psychologie, la capacité de lire ses adversaires.

Il est donc important de garder à l'esprit que, même si la maîtrise d'éléments de mathématiques demeure primordiale au poker, la tâche de l'ordinateur dans ma tête est loin de se limiter à ce seul aspect du jeu. En fait, la machine à calculer doit absolument se doubler d'un radar puissant capable de capter les moindres données susceptibles de se manifester autour de la table. Il s'agit là d'une tâche de tous les instants qui n'admet aucun relâchement de l'attention et exige une capacité de concentration sans faille.

CHAPITRE 4

Rester dans sa bulle

« Quand vous êtes dans la zone, il y a un pilote automatique au fond de vous-même qui assure la coordination de vos habiletés, qui transforme les décisions difficiles en performances athlétiques que vous exécutez d'instinct, et qui vous guide sans effort vers la victoire. »

DOYLE BRUNSON

Vous avez sûrement déjà remarqué, en regardant des tournois de poker à la télévision, que beaucoup de joueurs se cachent derrière d'énormes verres fumés. C'est notamment le cas de Chris Moneymaker, Chris Ferguson, Scotty Nguyen, Vanessa Rousso et tant d'autres. Certains croient que c'est une façon d'intimider ses adversaires en se donnant un air méchant, d'autres que c'est pour cacher ses yeux afin de dissimuler ses émotions et conserver ce qu'on appelle un *poker face*. C'est sûrement vrai en partie, au moins pour plusieurs joueurs. Mais les verres fumés servent aussi d'écran entre soi et les autres, ce qui permet de préserver le territoire sacré de ses pensées intimes, de « rester dans sa bulle », cette zone exclusive où l'esprit demeure tendu vers une seule chose : la partie qui est en train de se jouer à la table. Lorsqu'on se trouve dans une telle zone, on a le sentiment d'être en pleine possession de ses moyens, d'absorber les moindres détails, d'anticiper les coups de ses adversaires et d'être paré à toute éventualité. Bref, quand on est dans sa bulle, on a l'impression de contrôler la table.

La concentration soutenue est primordiale au poker ; pas seulement quand on participe à une main, mais à chaque instant. La moindre seconde de distraction, en particulier dans une partie sans limites, peut vous coûter très cher.

Personne n'est à l'abri d'un manque d'attention à une table de poker. Pas même les plus grands. Parlez-en à Phil Ivey, l'un des deux ou trois meilleurs joueurs au monde, qui, par surcroît, est précisément reconnu pour sa capacité exceptionnelle de concentration. Lors des Séries mondiales de 2009, alors qu'il ne restait plus que 24 joueurs parmi les 6 484 inscrits, il n'avait pas réalisé qu'il avait la meilleure main et avait couché sa couleur en pique contre les deux paires (A et Q) de Jordan Smith. Cette erreur, qui ne peut s'expliquer que par un manque flagrant de concentration, lui avait coûté un pot de 2,18 millions de jetons. Il s'était quand même qualifié pour la table finale et avait terminé au quatrième rang du tournoi, mais qui sait ce qui aurait pu se passer si un joueur de son talent s'y était présenté avec deux millions de jetons de plus dans son tapis ?

❖

Pendant les Séries mondiales de poker 2010, je suis convaincu que ma capacité de maintenir un degré maximal de concentration a joué un rôle essentiel dans ma victoire. Chaque jour à la table, j'endossais un chandail kangourou en coton ouaté, aux couleurs de mon commanditaire PokerStars.net, pourvu d'une cagoule que je rabattais sur ma tête légèrement penchée vers l'avant. Les bords de la cagoule formaient comme des œillères, de sorte que je ne voyais rien d'autre que les cartes et les jetons au centre de la table et les joueurs tout autour. Bien sûr, lorsque je ne participais pas à une main, j'en profitais pour observer et étudier mes adversaires, mais la cagoule m'aidait à oublier tout ce qui était étranger à la partie en cours, à éviter les distractions et à conserver un degré élevé de concentration tout au long de la journée.

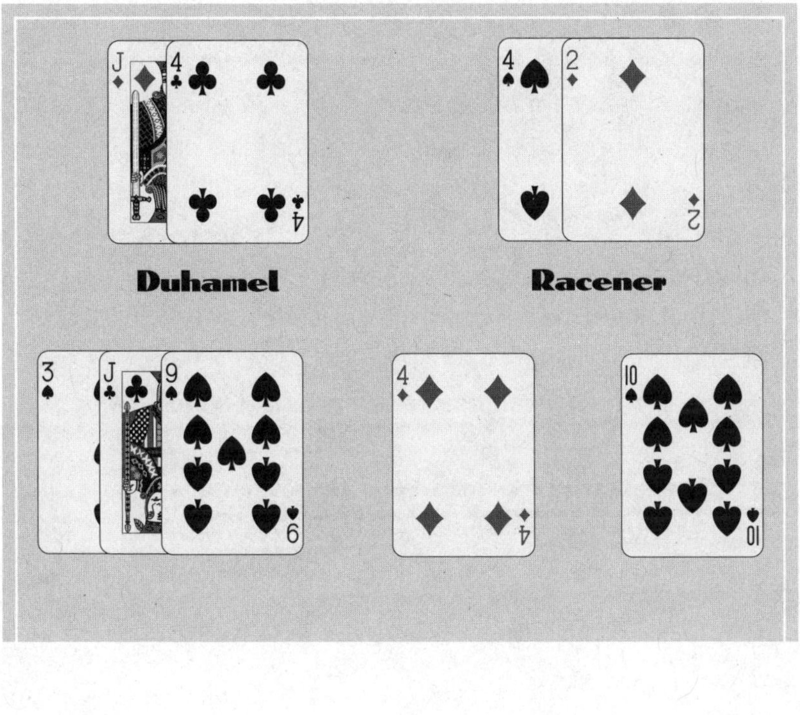

Je n'ai jamais eu plus intérêt à rester dans ma bulle que lors du duel final de l'événement principal des Séries mondiales de poker 2010 contre John Racener. L'un de nous serait champion du monde, tandis que l'autre raterait la chance de sa vie.

Tout risquait de me déconcentrer. D'abord la foule et les caméras, une ambiance peu commune pour le joueur de poker. Ensuite, la pression de gagner – en fait, le défi de ne pas craquer –, compte tenu de mon avance considérable en jetons et du fait que j'étais largement favori.

Aux yeux des observateurs, il s'agissait simplement d'achever mon adversaire, ce qui n'était qu'une question de temps. À mes yeux, c'était une autre paire de manches. Une seule erreur pouvait faire tourner le vent et je devais me concentrer, plus que jamais auparavant, enfoncé dans ma bulle, afin d'offrir le meilleur poker dont je sois capable.

Au milieu de notre duel, Racener tire 4♠ 2♦ et je fais parole avec J♦ 4♣. Le flop tombe 3♠ J♣ 9♠ et je check. Racener mise et j'appelle. Le 4♦ tombe au tournant, ce qui m'assure de remporter la main – bien que je ne puisse en être certain à cet instant. Je fais parole et Racener aussi.

Le 10♠ à la rivière ne change pas grand-chose. Je mise et, à ma surprise, Racener relance. À ce moment, j'aurais pu m'emballer, voyant la victoire à portée de main. Or, en toute objectivité, faire tapis n'aurait pas été le jeu optimal. Il s'agit d'un risque trop grand contre un joueur serré, et, s'il m'appelle, je pourrais être battu.

Malgré l'excitation du moment, les caméras, mes supporters déchaînés, je garde ma contenance et j'y vais avec le jeu que je juge optimal, soit de simplement suivre. Je gagne la main, demeure dans ma bulle et termine le travail quelques instants plus tard.

> Cette main peut paraître banale, mais cette capacité de prendre sur soi, de rester impassible, peu importe les conditions extérieures, n'a rien d'évident quand on fait face au plus important défi de sa vie.

Comme plusieurs joueurs professionnels le font pendant les parties, j'écoute aussi de la musique sur mon iPod, à partir de listes de lecture spécialement préparées à cette fin. Disons qu'il n'y a pas de Led Zeppelin ni de Iron Maiden dans ces listes (bien que certains joueurs aiment écouter ce genre de musique agressive quand ils sont en tournoi). Je préfère écouter de la musique douce à faible volume. Cela me procure une sorte de bruit de fond qui ne m'empêche pas d'entendre ce qui se dit à la table et qui a pour effet de me détendre et de m'aider à me concentrer.

Mes méthodes ne sont pas partagées par tout le monde, cela va de soi. Certains joueurs croient plutôt que le fait d'écouter de la musique pendant une compétition de poker détourne votre attention de ce qui se passe à la table et vous prive d'informations importantes que vos adversaires pourraient vous donner. D'autres pensent aussi que les joueurs qui écoutent de la musique ralentissent le jeu (ce qui est certainement vrai lorsque le volume est très élevé). Bref, à chacun de trouver le truc qui lui convient pour demeurer concentré, jouer efficacement et prendre les meilleures décisions.

Il n'est vraiment pas facile de rester dans sa bulle pendant de nombreuses heures consécutives. Ainsi, un joueur peut travailler d'arrache-pied pendant les onze premières heures d'une journée de tournoi et réussir à augmenter de 25 % le nombre de ses jetons, pour ensuite, au cours de la dernière heure, à cause d'un simple relâchement de l'attention provoqué par la fatigue, la faim, le sommeil ou la simple envie d'en finir, prendre de mauvaises décisions et se retrouver dans une situation périlleuse. Une petite erreur d'analyse juste avant le flop peut prendre des proportions considérables une fois à la rivière. Compte tenu des conséquences, il est donc essentiel de prendre tous les moyens nécessaires pour garder sa concentration à un niveau optimal.

C'est pourquoi, en principe, il ne faut jamais s'approcher d'une table de poker si on est affecté par le stress, la fatigue ou le *tilt*. C'est un principe qu'on peut observer quand on joue en ligne, sur Internet ; on n'est jamais obligé d'y participer si on ne se sent pas d'attaque. Malheureusement, les joueurs d'élite ne peuvent pas toujours s'offrir le luxe de rater des tournois importants, non seulement à cause des sommes en jeu, mais aussi pour des raisons de prestige et, très souvent, pour respecter leurs engagements envers leurs commanditaires. Cependant, les tournois comme ceux des Séries mondiales de poker s'étalent sur plusieurs jours consécutifs. Ce sont de véritables marathons qui finissent par être très épuisants, physiquement et mentalement.

Au cours des derniers mois, il m'est arrivé à quelques reprises de me présenter à des tournois en situation de fatigue et sans avoir vraiment le goût de me taper plusieurs heures consécutives de poker. Mais, quand on est champion du monde, il ne saurait être question de s'esquiver. Il faut donc prendre les dispositions nécessaires pour retrouver cette bulle de confort, peu importe les circonstances, au-delà des pressions physiques et mentales qui s'exercent. Par exemple, si je dois me présenter à la table d'un tournoi à midi, je me couche tôt la veille, je prends un bon petit déjeuner et j'essaie de me détendre à fond et de me préparer mentalement à la longue journée qui m'attend.

❖

Pour conserver sa concentration, il faut aussi être pleinement conscient des facteurs susceptibles de la menacer au cours d'une partie et savoir les détecter aussitôt qu'ils se manifestent.

Le premier de ces facteurs est l'environnement immédiat, et d'abord les adversaires à la table. Si l'un d'entre eux s'aperçoit qu'il est facile de me distraire, de m'intimider ou de me soutirer des informations en me parlant plus que de raison, il est certain qu'il en profitera. Le poker est un monde sans pitié ; il ne faut jamais l'oublier. Rester dans sa bulle, cela veut aussi dire rester de marbre face aux grandes gueules qui tentent de troubler ma concentration. Ce n'est pas si simple, surtout pour les joueurs qui, comme moi, ont d'abord acquis leur expérience principalement sur Internet. Quand je me suis retrouvé dans des tournois des Séries mondiales, mes adversaires n'avaient plus rien de virtuel. Il fallait que je sois prêt à faire face à ces irruptions verbales qui peuvent être très agaçantes et vous faire sortir de vos gonds ou, à tout le moins, de votre zone de confort.

D'ailleurs, il n'y a pas que les adversaires qui sont susceptibles d'affecter la concentration d'un joueur; il y a aussi les partisans. Je me souviens très bien que, vers la fin des Séries mondiales 2010, certains de mes adversaires ont dû être agacés par mes bruyants supporters qui portaient les couleurs des Canadiens de Montréal en scandant constamment des *Olé ! Olé ! Olé !*

Il ne faut surtout pas croire, par ailleurs, qu'on est plus à l'abri des distractions quand on joue en ligne. D'autres situations peuvent alors détourner mon attention, me faire commettre des erreurs et sortir de ma bulle : les bruits de la rue, les enfants qui courent et crient, le téléphone qui sonne, les courriels qui entrent, etc.

La condition physique est un autre élément de première importance qui influence la concentration. Lors des dernières Séries mondiales de poker, j'ai remarqué qu'une partie appréciable de mes gains avait été réalisée en soirée. Il n'y a pas que la fatigue de mes adversaires qui était alors en cause, mais aussi leurs habitudes alimentaires. Lors de la pause du repas, vers 18 heures, beaucoup de joueurs avaient une faim de loup et se précipitaient sur un steak. Inutile de dire que, de retour à la table de jeu, c'est la digestion plutôt que la concentration qui s'emparait de leur organisme. Pour éviter ce genre de situation en tournoi, je prends toujours cinq collations légères et riches en protéines plutôt que trois gros repas par jour. Ainsi, je suis rarement tenaillé par la faim et je n'ai jamais le ventre trop plein. Il est certain aussi que le fait de rester assis à une table de poker pendant de longues journées finit par ankyloser aussi bien l'esprit que le corps. Pour rester éveillé et alerte pendant un tournoi, je mets pleinement à profit les pauses de dix minutes qui nous sont allouées à intervalles réguliers. Je vais respirer un peu d'air frais, je saute sur place pendant une minute ou deux et je m'asperge le visage d'eau froide. Pendant les pauses plus prolongées, il m'arrive aussi de rentrer à ma chambre d'hôtel pour prendre une douche froide. Ce sont de petits trucs très simples, mais efficaces.

Cela paraîtra sûrement un peu étrange, surtout quand on sait qu'il y a souvent des sommes considérables en jeu, mais une autre menace à la concentration d'un joueur est… l'ennui. C'est une situation qui survient la plupart du temps quand les choses ne vont pas très bien, quand l'intérêt pour le tournoi et l'espoir de s'en sortir s'amenuisent et que l'envie de jeter l'éponge commence à prendre le dessus. Voilà une situation typique de *tilt*, qui se produit quand la logique a tendance à s'effacer devant l'émotion. Il faut faire des efforts pour résister à ce genre de réflexe, si on veut gagner avec constance au poker. Peu importe les circonstances, on doit toujours prendre des décisions fondées sur la logique.

Cela me paraît tellement évident que je le mentionne à peine en passant, mais en insistant quand même très fort : il n'y a rien de pire que l'alcool pour sortir un joueur de poker de sa bulle. À un certain niveau de jeu, il peut devenir l'ennemi numéro un. Certaines personnes prétendent que l'alcool a un effet calmant, et c'est sans doute vrai quand on en boit de façon raisonnable, mais l'alcool ralentit aussi les réflexes, ce qui est fatal dans un jeu où il faut penser et agir très rapidement. Il risque aussi de vous délier la langue et de vous faire révéler des informations dont vos adversaires sauront tirer profit. De plus, il ne faut jamais oublier que l'alcool est un dépresseur. Il peut s'attaquer au moral en un rien de temps. C'est alors qu'on devient la proie de ses émotions. L'alcool, c'est le *tilt* assuré. En ce qui me concerne, je n'y touche jamais quand je suis en tournoi. C'est une règle d'or.

Comme les autres armes de l'arsenal du joueur de poker, la concentration est une chose qu'on peut toujours améliorer au fil du temps. Le joueur débutant ou occasionnel ne doit pas s'attendre à ce que sa bulle soit impénétrable dès le départ. Ne soyez pas trop exigeant envers vous-même. Allez-y par étape. Ne déployez pas votre attention dans toutes les directions à la fois, car cela devient vite infernal. Commencez par observer un ou deux joueurs à la fois, en particulier ceux qui vous paraissent les plus habiles. Quel est leur comportement sur les mains de départ ? Quelle proportion de mains jouent-ils ? Dans quelles circonstances et à quelle fréquence relancent-ils ? Petit à petit, vous verrez que l'ordinateur dans votre tête améliorera ses capacités d'emmagasiner les informations et que votre champ d'observation s'élargira. Cela deviendra pour ainsi dire une seconde nature pour vous, une sorte d'automatisme.

Une autre façon de demeurer concentré consiste à suivre une routine et à se donner des points de repère constants qui favorisent une certaine sécurité psychologique. Je pense par exemple à Johnny Chan qui, en tournoi, met une orange devant lui à la table de jeu. À l'origine, c'était pour que le parfum du fruit couvre l'odeur du tabac, à l'époque où les gens pouvaient fumer dans la plupart des tournois de poker. Aujourd'hui, l'usage du tabac est interdit, mais Chan garde toujours une orange près de lui, comme porte-bonheur, quand il est à la table. À mon avis, il ne croit pas vraiment aux vertus « gagnantes » de l'agrume en question ; je pense plutôt que cela fait partie d'un rituel qui le sécurise et l'aide à se concentrer.

❖

Tout au long de ce chapitre, j'ai insisté sur l'importance de rester dans sa bulle quand on dispute une partie de poker. Il me paraît tout aussi important d'être capable d'en sortir une fois qu'on a quitté la table, que ce soit pour une brève pause ou pour le reste de la journée.

La concentration intense qu'on déploie pendant de longues heures consécutives est très épuisante, aussi bien mentalement que physiquement. Il faut absolument passer à autre chose lorsqu'elle n'est plus requise. On doit être en mesure de faire le vide en dirigeant son esprit vers des pensées apaisantes et agréables qui ne sollicitent pas autant le cerveau. Si on ne réussit pas à faire cela, on risque de sombrer dans l'épuisement, le manque de motivation, voire l'écœurement. Comme c'est le cas dans toutes les formes de compétitions, on doit pouvoir établir un sain équilibre entre la nécessité de se donner à fond pendant les compétitions et de se détendre une fois qu'elles sont terminées.

Ce n'est pas toujours facile à faire. Il faut beaucoup de discipline.

CHAPITRE 5

La maîtrise de ses émotions

« L'important au poker est de ne jamais perdre son calme, que ce soit à cause de vos adversaires ou, en particulier, à cause des cartes. Il n'y a pas de sympathie au poker. Gardez votre sang-froid. Si vous perdez la tête, vous perdrez aussi vos jetons. »

WILLIAM J. FLORENCE

Il est bien agréable de jouer quelques rondes de poker en famille ou entre amis pour de petits enjeux. On s'amuse en bonne compagnie, on se tire la pipe et on ne perd pas sa chemise. Il en va tout autrement du jeu de haut niveau, en particulier dans des tournois importants comme les Séries mondiales. Je n'ai pas peur de l'affirmer: à cet échelon, le poker est une guerre sans merci où il est essentiel de savoir dissimuler son arsenal, ses forces comme ses faiblesses, et, surtout, ses intentions.

Dans *L'Art de la guerre*, sans doute le meilleur traité de stratégie jamais écrit et que tout joueur de poker aurait avantage à consulter régulièrement, Sun Tzu écrivait, au VIe siècle avant Jésus-Christ: « Un général qui ne sait pas se modérer, qui n'est pas maître de lui-même et qui se laisse aller aux premiers mouvements d'indignation ou de colère ne saurait manquer d'être la dupe de ses ennemis. Ils le provoqueront, ils lui tendront mille pièges que sa fureur l'empêchera de reconnaître et dans lesquels il donnera infailliblement. »

On ne saurait mieux décrire les menaces qui pèsent sur un joueur qui se laisse dominer par ses émotions.

Et pourtant, Dieu sait qu'on peut passer par toute la gamme des émotions, quand on est au cœur d'un match ou d'un tournoi de poker. Je me souviens qu'à certains moments, aux Séries mondiales 2010, j'avais l'impression que le cœur allait m'exploser dans la poitrine! Je suis certain que c'était la même chose pour la plupart des autres participants. Il est normal qu'un être humain éprouve des émotions, mais un joueur de poker doit être capable de les contrôler, de les domestiquer. S'il n'y parvient pas, cela affectera son jugement et sa façon de jouer. Il est tout aussi important de ne pas faire étalage de ce qu'on ressent en soi, sous peine de révéler à ses adversaires des informations vitales et de devenir pour eux un véritable livre ouvert. C'est ainsi qu'on perd carrément le contrôle de son match.

Je comprends que la plupart des gens puissent penser que le poker n'est pas un sport. Après tout, quand on passe douze heures assis à ne bouger que les mains, à manipuler cartes et jetons, on ne peut guère prétendre pratiquer une activité physique. Cela dit, le poker est à mes yeux un sport mental. C'est une bataille de l'esprit qui exige le même niveau d'engagement, d'attention et de concentration – sinon plus – que n'importe quel sport dit physique. La différence, c'est qu'au hockey, au football ou au basket, entre autres sports, une fois qu'on est plongé dans l'action on n'est pas tenu de dissimuler ses sentiments, encore qu'il faille quand même réfréner ses ardeurs pour éviter les punitions. La seule exception à cette règle est peut-être le golf, où le contrôle de soi joue un rôle essentiel dans le résultat final.

Quand on doit prendre une décision dans la vie quotidienne, il arrive qu'on balance entre le cœur et la tête, entre la raison et le sentiment. Il est bien normal qu'il en soit ainsi et, heureusement, le sentiment remporte sa part de victoires dans ce genre de débat intime. Sinon, les rapports entre humains seraient beaucoup plus difficiles. Mais, au poker, il n'y a pas de compromis possible. Il n'y a pas de place pour le cœur. Je dois carrément être une machine. C'est comme ça.

Au poker, on est récompensé à long terme par des décisions rationnelles. Plus je dispose d'informations objectives, plus je suis en mesure de les analyser froidement, et meilleures seront mes décisions et, au bout du compte, mes perspectives de gain. Or on peut comparer les émotions à des grains de sable qui se glissent dans cet engrenage. En général, elles prennent le dessus lorsqu'on est contrarié, qu'on perd un gros pot ou qu'on connaît des insuccès répétés. C'est alors que le doute s'installe, que nos capacités d'analyse s'émoussent et que l'on commence à jouer non plus en tenant compte des données objectives, mais en fonction de ce qu'on *voudrait* que la réalité soit. Autrement dit, on quitte le champ de la raison pour basculer dans celui des illusions.

En gros, on parle ici du *tilt*, ce phénomène insidieux et destructeur que j'ai déjà évoqué à quelques reprises dans ce livre et qui est une notion centrale au poker. Dans l'excellent ouvrage *The Poker Mindset : Essential Attitudes for Poker Success*, les auteurs Matthew Hilger et Ian Taylor écrivent que le *tilt* est « souvent (mais pas toujours) une régression du jeu d'un joueur à un niveau plus primaire. Il perd temporairement la discipline et le contrôle de son jeu et commence plutôt à prendre ses décisions en accord avec la manière dont il *aimerait* jouer le jeu ». En général, le phénomène se produit quand les choses vont mal, mais une série de gains peut provoquer le même type de réaction chez un joueur, qui cessera alors de prendre des décisions rationnelles en raison d'un excès de confiance. Dans les deux cas, ce sont les émotions qui dictent la conduite, et non pas la logique.

La pratique rationnelle du poker exige que je sacrifie les décisions que j'*aimerais* prendre au profit de celles que je *dois* prendre afin de maximiser mes chances de gain. Par exemple, comme tous les joueurs j'aimerais pouvoir jouer plus de mains, voir la carte suivante, poursuivre tous mes tirages, bluffer plus souvent... Bref, m'en remettre à la chance. Mais je sais très bien que, si j'agissais ainsi, la plupart du temps je perdrais. J'accepte donc de jouer de façon rationnelle et d'aller constamment à l'encontre de mes inclinations naturelles en échange d'une récompense : le gain pécuniaire. Mais, s'il y a une chose que je ne peux pas contrôler, c'est bien la chance. Il arrive donc de temps à autre que, pendant une période prolongée, la « recette » du jeu rationnel ne fonctionne pas, même si j'ai très bien joué mes cartes. La plupart du temps, c'est à ce moment qu'une espèce de fracture psychologique se produit : j'ai le sentiment d'avoir respecté les règles du jeu sans avoir été récompensé. J'ai l'impression que le cosignataire du « contrat » – le sort, le hasard, la chance ou les divinités du poker – n'a pas tenu ses engagements. Dès lors, une petite voix en moi me dit que j'ai été floué, que je suis victime d'une injustice. Et, d'une certaine façon, je cherche à me venger de cette injustice en redonnant à mon cœur et à mon intuition la place que je leur avais refusée. C'est comme si je disais : « À partir de maintenant, je vais faire ce que je veux et vous allez voir ce que vous allez voir ! »

Le joueur en proie au *tilt* n'est pas stupide. Il sait très bien que l'émotion n'a pas sa place au poker et qu'en prenant des décisions qui ne sont pas fondées sur la logique il n'aidera pas sa cause, bien au contraire. Néanmoins il est frustré et cherche un exutoire à sa colère ou à son découragement.

La réalité, c'est que personne n'est à l'abri du *tilt* et qu'il n'est pas facile de maîtriser ses émotions dans toutes les circonstances, surtout pendant plusieurs heures d'affilée. L'important, c'est de reconnaître le moment où elles commencent à prendre le pas sur la logique. Par exemple, quand on éprouve le sentiment d'injustice que j'ai décrit plus haut, il est évident qu'on n'est plus tout à fait maître de soi-même. C'est un signal d'alarme qu'il faut prendre au sérieux.

La première chose qu'il faut comprendre pour être en parfaite maîtrise de ses émotions au poker, c'est que les joueurs qui prennent de bonnes décisions ne sont pas toujours récompensés à court terme – mais ils le sont toujours à long terme. Quand on a compris et intégré cette notion, on se rend compte que, au-delà des résultats, ce sont avant tout les décisions qui importent. Les gains viendront tôt ou tard.

Les insuccès font partie de la vie du joueur de poker. Ils sont inévitables et il faut les accepter. C'est le premier pas qu'il faut franchir pour maîtriser ses émotions à la table. Si, malgré tout, vous sentez que votre mauvaise passe est en train d'affecter votre façon de jouer, il peut être indiqué de passer quelques tours. Vous pouvez aussi choisir de ne jouer, pendant un certain nombre de tours, que des mains de départ très fortes comme AA, KK, QQ et AK. Cette discipline que vous vous imposerez pendant quelque temps devrait vous aider à remettre les choses en perspective et à réfléchir plus clairement.

D'ailleurs, je peux affirmer que ma capacité à maîtriser mes émotions a été payante lors des Séries mondiales 2010, alors que je vivais un moment plus difficile.

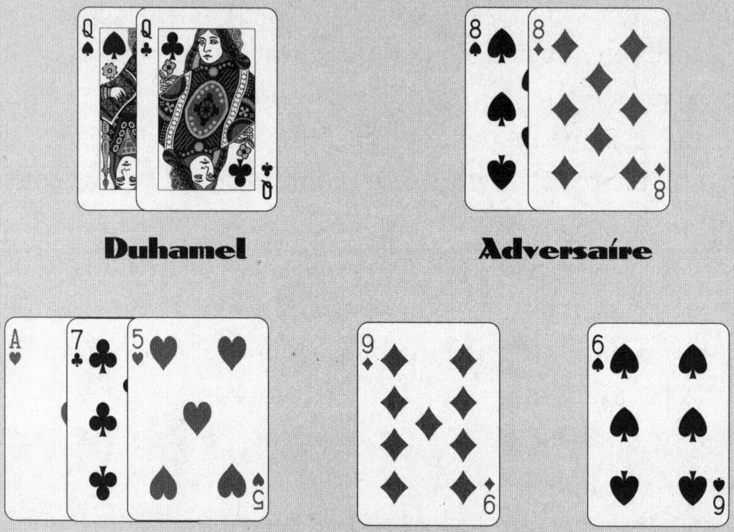

Au fil des huit jours de compétition, la chance nous quitte par moments. Cela se produisit pour moi pendant une bonne partie du jour 5 de l'événement principal des Séries mondiales 2010.

En milieu de journée, un joueur dont le tapis équivalait à la moitié du mien – donc en position fort précaire – décide de relancer avant le flop du *cutoff* (la position à droite du bouton). Moi-même sur le bouton, je découvre Q♠-Q♣ de trois fois sa mise. Mon adversaire prend un instant de réflexion, et fait tapis. C'est une décision extrêmement facile pour moi et j'appelle instantanément.

Il a en main 8♠-8♦.

Le flop A♥-7♣-5♥ semble bien inoffensif, mais un 9♦ au tournant lui procure une réelle possibilité de suite. C'est dire que quatre 6 et deux 8 lui permettraient de remporter la main, pour une probabilité de gain de 13,6 %. Malheureusement pour moi, c'est effectivement un 6 qui tombe à la rivière, me faisant perdre la moitié de mon tapis durement gagné.

À cet instant, j'ai toutes les raisons du monde d'être tilté et de mal contenir mes émotions. Ce n'est toutefois pas mon premier tournoi et je connais la chanson. Je suis plus fort que cela et je sais me contenir, mais mes adversaires ne le savent pas encore. Nombre d'entre eux seraient frustrés s'ils étaient dans mes souliers. Ils peuvent donc estimer que je le suis effectivement à ce moment-là.

À peine deux mains plus tard, alors que je suis à deux positions à droite du bouton, un joueur en position hâtive pose une relance normale et tous se couchent. Je découvre J-J, une main parfaite dans les circonstances. Sachant qu'on me perçoit comme étant en situation de *tilt*, je décide de pousser mon tapis complet, soit une relance démesurée par rapport à celle de mon adversaire. Un tel geste est souvent signe de frustration et de faiblesse. Toutefois, je suis pleinement conscient de cette impression que je projette et je tente ainsi de l'utiliser à mon avantage.

Le jeu fonctionne à merveille et mon adversaire n'hésite que quelques instants avant d'appeler avec 7-7. Pas de malchance, cette fois : je me retrouve avec le même tapis dont je disposais trois mains auparavant.

❖

Donc, au poker il y a deux choses essentielles à prendre en compte à l'égard des émotions. L'une est interne et l'autre, externe. La première nécessité consiste à rester maître de moi-même pour que les émotions n'affectent pas mes décisions. La seconde est un jeu de camouflage qui consiste à faire en sorte que jamais mes adversaires ne puissent percevoir la moindre de mes émotions ou de mes intentions quand je suis à la table. Peu importe ce que je ressens – que ce soit le bonheur total ou le désespoir le plus profond –, il faut qu'en tout temps j'aie l'air indifférent, que je ne montre aucune réaction par rapport à ce qui se passe autour de moi. Ceux qui réussissent à le faire de façon constante – Phil Ivey maîtrise cet art à la perfection – font partie des gagnants.

La nécessité de dissimuler ses sentiments va beaucoup plus loin que ce qu'on appelle le *poker face*, ce visage impassible qu'on prête (à raison) aux bons joueurs. En fait, on devrait plutôt parler de *poker body*, puisque à peu près n'importe quelle partie du corps est susceptible de nous trahir au cours d'un match. Est-ce que mes mains tremblent ou est-ce que je cligne des yeux quand je ne suis pas satisfait de ma main ? Est-ce que je récupère mes cartes trop rapidement ? Est-ce que je lance mes jetons brusquement ? Si je perds un gros pot, est-ce que j'ai un mouvement d'impatience ou est-ce que j'affiche ma contrariété de façon trop voyante ? Si j'ai une paire d'as comme main de départ, est-ce que je me déplace sur ma chaise – même presque imperceptiblement – d'une manière qui révèle mon jeu à mes adversaires ? Si je réponds oui à l'une de ces questions, il est clair que je suis vulnérable. Mes adversaires sauront bien en profiter tôt ou tard.

Tous les bons joueurs sont à l'affût de ce qu'on appelle dans le jargon du métier les *tells*, qu'on pourrait décrire comme les signes, les petites manies, les tics propres à chaque adversaire. Des comportements de rien du tout qui risquent de finir par en dire long sur leur jeu, leurs émotions et leurs intentions. Nous en avons tous. Ce sont des réflexes auxquels il est presque impossible d'échapper, car la plupart du temps ils se manifestent à notre insu. Il est donc essentiel de savoir les reconnaître pour mieux les contrôler. En fait, ce qu'il faut savoir contrôler, c'est son corps au complet. Ce n'est pas une mince tâche, mais, comme pour tout le reste, cela s'apprend, mais au prix d'une discipline de fer et de plusieurs heures d'exercice.

Il y a toutes sortes de trucs et d'habitudes à acquérir afin d'en dire le moins possible à vos adversaires pendant un match. En ce qui me concerne, la première règle consiste à me taire. Si je ne dis rien, je limite considérablement les risques de me trahir. Les propos qu'on peut tenir pendant une partie, même s'ils semblent anodins, peuvent en révéler beaucoup à une oreille avertie, sans parler du volume, du ton et des inflexions de la voix qu'on ne peut pas toujours contrôler à sa guise, surtout quand on s'exprime spontanément.

Il est vrai que certains joueurs professionnels parlent beaucoup à la table. Ils ne le font pas pour exprimer leurs états d'âmes, mais plutôt pour soutirer des informations à leurs adversaires. Daniel Negreanu, en particulier, est passé maître dans cet art qui exige énormément de talent et d'expérience pour être pratiqué avec succès. À moins d'être aussi habile que lui, il est fortement recommandé de ne pas s'aventurer sur ce terrain. Croyez-moi : mieux vaut se taire en toutes circonstances. Et même lorsqu'il faut parler – pour passer, coucher sa main ou annoncer le montant de sa mise –, il faut toujours que ce soit de la même façon, avec la même expression et sur le même ton de froideur et d'indifférence, tout au long du match.

L'autre règle qui s'impose consiste à adopter une routine gestuelle constante, peu importe les cartes qu'on a en main ou la situation où l'on se trouve dans le cours d'un match ou d'un tournoi. Il s'agit en effet de développer des automatismes simples et bien coordonnés quant à la manière dont on pose les mains sur la table, dont on tient les cartes, ou quant à la force avec laquelle on lance ses jetons. On doit toujours agir comme si l'on était insensible et qu'on s'en fichait complètement.

Comme vous pouvez le constater, un joueur de poker habile doit aussi savoir bien jouer la comédie. Sachant que les autres joueurs essaient constamment de lire votre jeu et vos intentions, vous pouvez aussi tenter de les induire en erreur sur la force de votre main en variant vos attitudes et vos stratégies. Cette capacité de camoufler ses émotions et de brouiller les pistes est l'une des clés pour accumuler les gains au poker. Elle vous permet notamment de faire des mises modestes en laissant croire à vos adversaires que votre main est moyenne, alors qu'elle est très bonne. Ainsi, ils relancent et font augmenter la valeur du pot, vous procurant un gain bien supérieur à ce qu'il aurait été si vous aviez misé gros au départ, forçant les autres à coucher leur main. Inversement, elle vous permet aussi de bluffer avec une main moyennement bonne.

Bref, le joueur de poker qui réussit à maîtriser et à dissimuler ses émotions aux yeux de ses adversaires, en projetant une image d'impassibilité, a en main une arme redoutable qu'il peut utiliser à son gré, lorsque les circonstances le permettent. Mais cela exige un apprentissage plus rigoureux qu'on ne le croit. Comme dans beaucoup d'aspects du jeu, le mot clé demeure la discipline.

CHAPITRE 6

La discipline

« Pour maîtriser le poker et le rendre rentable, il vous faut de la patience et de la discipline. Si l'une des deux vous fait défaut, vous courez au désastre. »
FREDDIE GASPERIAN

Beaucoup de spécialistes sont d'avis que la discipline est un élément primordial du succès au poker, et je suis entièrement d'accord avec cette affirmation. On ne peut pas gagner régulièrement à ce jeu si on n'est pas en mesure de faire preuve de rigueur, de constance et de caractère. C'est d'ailleurs la clé de la réussite dans tous les domaines de la vie. Le talent ne mène nulle part s'il n'est pas harnaché par une discipline de fer.

La notion globale de discipline au poker recouvre en fait plusieurs aspects qui touchent le comportement du joueur aussi bien au cours d'une partie ou en tournoi que dans la vie de tous les jours. J'en évoquerai trois qui me paraissent particulièrement importants : la nécessité de s'en tenir à son plan de match quand on est à la table ; la gestion du fonds de roulement (c'est-à-dire le budget dont on dispose pour jouer à des parties à l'argent ou s'inscrire à des tournois) ; et ce que j'appellerais l'« hygiène de vie » qu'il faut savoir s'imposer dans un contexte où, en principe, le joueur professionnel jouit d'une liberté absolue.

❖

Là où la discipline s'impose en premier lieu, c'est à la table de jeu. S'il y a un endroit où il n'y a pas de place pour l'improvisation, les expériences ou les risques inutiles, c'est bien celui-là. Il faut avoir une stratégie bien établie et ne jamais en dévier, peu importe les hauts et les bas qui ne manquent pas de se produire en cours de route. Bien sûr, au poker les stratégies sont forcément mouvantes : elles varient en fonction des adversaires et de la valeur de son tapis. Mais, ici, quand je parle de discipline, je parle avant tout de la nécessité de demeurer concentré et en plein contrôle de son jeu, et j'insiste sur le caractère systématique du jeu et sur l'importance de ne pas se laisser distraire par la tentation du gain facile ou spectaculaire, ni par l'envie de se refaire rapidement si l'on a perdu une grosse main.

La devise du joueur discipliné n'est pas compliquée : ce qui m'a fait gagner régulièrement dans le passé me fera gagner régulièrement dans l'avenir. Je dis cela parce que, dans les matchs ou les tournois où les enjeux sont particulièrement élevés – comme lors des Séries mondiales de poker, quand il n'y a pas de lendemain –, il est tentant de modifier sa stratégie lorsque les choses semblent mal engagées. Bien évidemment, on peut le faire de temps à autre, en particulier pour varier son jeu et dérouter un adversaire, mais il faut toujours que ce soit pour les bonnes raisons. La discipline à une table de jeu vient de la confiance en ses moyens et dans un système, et de la certitude que les gains seront modestes si l'on part dans toutes les directions.

Évidemment, lorsque les choses vont bien, il est facile de s'en tenir à sa discipline de base. C'est dans les situations de *tilt*, quand la confiance est ébranlée, que la discipline s'impose le plus et qu'elle est le plus difficile à maintenir.

Cela ne touche pas seulement le calcul des cotes du pot, mais aussi l'importance de jouer selon ses moyens, ce qui veut dire, en premier lieu, bien gérer son tapis, c'est-à-dire la somme qu'on a en main à une étape ou l'autre d'un match ou d'un tournoi. Là aussi, la discipline joue un rôle important, car il faut se donner des règles précises et ne pas s'en écarter.

Lorsque je me suis installé à la table finale des Séries mondiales 2010, au mois de novembre, j'étais le meneur pour le nombre de jetons. C'était une position très confortable, qui me donnait un avantage marqué, tant sur le plan arithmétique que psychologique. Je profitais d'une bonne marge de manœuvre. Autrement dit, je pouvais me permettre de prendre un peu plus de risques si j'avais une bonne main, sans craindre de perdre une bonne partie de mon tapis. Je savais par ailleurs que mes adversaires – en particulier ceux qui avaient le moins de jetons – n'oseraient pas m'attaquer de front, de peur de se faire sortir du tournoi sur-le-champ.

Même quand on occupe une position dominante, comme c'était mon cas à ce moment-là, il faut rester discipliné, parce que le vent peut tourner très rapidement. Je peux d'ailleurs en parler en connaissance de cause, puisque dès le début de cette table finale j'ai connu des insuccès et que ma réserve de jetons a fondu de moitié. C'est donc dire que, même si on peut se permettre d'être agressif quand on est en position de commande, on ne doit tout de même pas gaspiller ses jetons inconsidérément. Il faut surtout résister à ce que j'appellerais la « tentation du *knock-out* » à tout prix, qui consiste à essayer de sortir rapidement ceux qui ont le moins de jetons. Bien sûr, ces joueurs sont des cibles invitantes, et si une bonne occasion se présente de les éliminer on doit en profiter. Cependant, il ne faut jamais oublier que, au stade où ils en sont, ils n'ont rien à perdre. La stratégie que j'avais alors adoptée, et pour laquelle j'opterais encore si je me retrouvais dans la même situation, avait été celle de la prudence. Quand on est le meneur, il vaut mieux laisser les autres s'entretuer plutôt que risquer inutilement ses jetons si notre jeu ne le justifie pas.

Dans les parties à l'argent – où l'on a le privilège de se retirer d'une table à n'importe quel moment –, la discipline ne s'applique pas seulement à la gestion du tapis, mais aussi au choix de ses adversaires. C'est particulièrement vrai si vous jouez en ligne, où des centaines de tables sont disponibles sur un même site. Si vous réalisez que vos adversaires sont vraiment trop forts pour vous, n'hésitez pas à choisir une autre table, où les joueurs sont plus faibles, quitte à ce que les enjeux soient moins élevés. L'adage selon lequel « à vaincre sans péril, on triomphe sans gloire » n'a aucune pertinence au poker. Aucune considération morale ne devrait vous empêcher de jouer – et de gagner – contre des adversaires que vous savez plus faibles que vous. Donnez-vous-en à cœur joie : ils sont là pour ça !

❖

La gestion du fonds de roulement, soit le capital dont on dispose pour jouer au poker, exige elle aussi une discipline de fer. La plupart des gens qui investissent dans le poker – en particulier les débutants – ne roulent pas sur l'or et doivent administrer avec rigueur l'argent qu'ils y consacrent.

La première règle qu'on doit s'imposer est de ne jamais mélanger l'argent dont on a besoin pour vivre et les fonds destinés au poker. Les deux cagnottes doivent être distinctes. Sinon, vous risquez carrément de jouer – et de vivre – au-dessus de vos moyens. À moins d'avoir beaucoup de chance, vous vous réservez de bien mauvaises surprises.

La gestion efficace du fonds de roulement doit d'abord tenir compte de la variance naturelle du jeu et chercher à minimiser l'impact de la chance sur les résultats à long terme. Autrement dit, on ne gagne pas toutes les fois qu'on joue, et c'est pourquoi il ne faut surtout pas investir tout son capital poker dans un seul match ou un seul tournoi. Par exemple, si je dispose de 1000 $ pour jouer, je ne participerai pas à un tournoi dont le coût d'inscription est de 1000 $... ni même de 500 $. La règle générale consiste à ne pas investir plus d'un certain pourcentage de son capital total dans un seul tournoi. Pour les joueurs plus prudents, on parle de 2 % ou 3 % ; les plus agressifs iront jusqu'à 5 %. Si je privilégie l'approche agressive, la somme maximale que je devrais débourser pour ma participation à un tournoi serait donc de 50 $. Ainsi, si je ne réalise aucun gain, il me restera quand même des fonds suffisants pour profiter d'une marge de manœuvre acceptable et pour continuer de jouer afin de progresser et d'améliorer mon jeu – ce qui est aussi très important. Car, dans ce domaine comme dans tous les autres, c'est en pratiquant et en jouant qu'on devient meilleur.

Le même principe s'applique aux parties à l'argent. Si je dispose d'une somme de 1000 $, je ne devrais pas participer à des parties dont la mise obligatoire – communément appelée *blind* – est de plus de 0,25 $ / 0,50 $. Dans le cas qui nous occupe, 0,25 $ est la petite *blind*, soit la mise obligatoire du joueur situé immédiatement à la gauche du brasseur; et 0,50 $ représente la grosse *blind*, qui est habituellement le double de la petite *blind* et représente la somme minimale que doivent miser les autres joueurs pour rester dans la main et voir un flop si aucune relance n'est posée. On part ici du principe qu'on devrait toujours disposer d'au moins 20 caves – communément appelées *buy-ins* – de la limite à laquelle on joue. La cave est la somme maximale qu'on peut normalement apporter à la table, soit la valeur de 100 grosses *blinds*. Idéalement, surtout à partir des moyennes limites, je suggère plutôt d'avoir un minimum de 40 ou 50 caves ! Revenons à mon exemple : si je dispose de 1000 $ et que je désire jouer avec 20 caves de ma limite, cela signifie que le montant maximal que je peux investir sur la table est de 50 $, ce qui équivaut à la cave des parties dont la mise obligatoire est de 0,25 $ / 0,50 $. Ainsi, je jouerai à cette limite jusqu'à ce que j'atteigne au minimum 2 000 $ de fondsde roulement total, ce qui représentera 20 caves de 0,50 $ / 1 $, me permettant dès lors de gravir l'échelon vers cette limite supérieure.

Pour bien des joueurs, le fait de jouer pour de si petits enjeux exige beaucoup de discipline, pour la simple raison qu'on a l'impression, de prime abord, que les gains seront très modestes. D'abord, c'est loin d'être toujours le cas. Les pots peuvent monter très vite… et les pertes peuvent aussi s'accumuler rapidement. C'est justement pourquoi il est essentiel de s'imposer des limites.

Le problème qui survient fréquemment dans des cas semblables, c'est que, si le fonds de roulement d'un joueur baisse à la suite de pertes répétées, il devrait normalement faire preuve de la discipline nécessaire pour réduire les enjeux. Malheureusement, beaucoup d'entre eux – surtout les débutants – ont tendance à faire exactement le contraire, soit hausser les enjeux dans l'espoir de se refaire plus rapidement. Résultat ? Ils mettent à risque la totalité de leur fonds de roulement, et souvent ils le perdent. Qu'arrive-t-il alors ? La plupart du temps, ils se constituent un nouveau fonds de roulement à même une cagnotte qui n'était pas destinée à cela. Ce faisant, ils dérogent à la règle selon laquelle l'argent consacré au poker doit faire partie d'une caisse distincte. De plus, ils oublient que le fonds de roulement précédent est à inscrire dans la colonne des pertes. Ils se donnent ainsi l'illusion qu'ils sont meilleurs qu'ils le sont en réalité.

Cela dit, ces règles ne doivent pas non plus être immuables. On peut choisir d'être plus prudent ou plus agressif, mais l'important est de respecter le principe de la discipline dans la gestion du fonds de roulement.

D'ailleurs, je dois avouer que je n'ai pas toujours observé ces principes que je recommande. Si je l'avais fait, je ne me serais jamais présenté l'an dernier à l'événement principal des Séries mondiales, puisque mon capital poker aurait normalement dû s'élever à 200 000 $ pour que je puisse acquitter le coût d'inscription de 10 000 $, ce qui n'était évidemment pas mon cas. Voilà un exemple où – comme des centaines d'autres participants aux Séries mondiales 2010 – j'ai dérogé à la règle pour des raisons bien précises, dont le prestige du tournoi, la somme considérable accordée au gagnant et la chance d'obtenir un retour incroyablement élevé sur l'investissement initial.

Pourquoi la discipline est-elle si difficile à maintenir, aussi bien à la table de jeu que dans la gestion du capital poker ? Tout simplement parce qu'elle s'oppose au goût du risque qui anime immanquablement ceux qui s'adonnent aux jeux dits de hasard. Ces gens sont parfaitement conscients de la nécessité de s'imposer une discipline rigoureuse, mais certains la trouvent extrêmement difficile à respecter, d'autres ne sont carrément pas intéressés à s'y soumettre. Sachez toutefois que ceux qui refusent de s'y astreindre n'auront pas une très longue carrière au poker. On m'objectera peut-être que les Phil Hellmuth, Jamie Gold et Allen Cunningham – qui ont tous gagné des millions de dollars en tournoi – ont aujourd'hui les moyens de ne pas trop se soucier de la gestion de leur fonds de roulement. C'est sans doute vrai, mais ne doutez jamais d'une chose : s'ils sont rendus là où ils sont dans la hiérarchie du poker, c'est parce qu'ils l'ont fait auparavant.

❖

On ne peut pas être discipliné dans sa pratique du poker si on ne l'est pas un peu dans la vie. Cela est d'autant plus vrai que les gens qui décident de faire du poker leur gagne-pain principal jouissent en principe d'une liberté absolue et n'ont de compte à rendre à personne : pas de patron, pas de clients, pas de conseil d'administration. Ils contrôlent leur horaire de travail, leurs habitudes alimentaires et le nombre d'heures qu'ils consacrent à la pratique du jeu.

On peut comparer le joueur de poker professionnel à un entrepreneur qui lance sa propre entreprise, mais, contrairement à celui-ci qui a généralement des cadres et des employés à son service, le joueur de poker est à peu près seul à assumer toutes les responsabilités. Si on ajoute à cela le fait que, très souvent, les joueurs qui deviennent pros sont jeunes, on comprend à quel point la discipline est nécessaire pour performer de façon constante et durable.

Le défi du joueur professionnel consiste avant tout à traiter le poker comme un travail semblable à n'importe quel autre. Bien sûr, c'est loin d'être évident. Il faut établir des repères, fixer des limites et faire des choix qui, dans des carrières plus traditionnelles, sont généralement prescrits par d'autres ou s'inscrivent dans un cadre plus rigoureux. Autrement dit, on doit s'imposer à soi-même la discipline qui, en d'autres circonstances, serait imposée par d'autres. Cela exige un degré très élevé de motivation et la volonté inébranlable d'atteindre des objectifs bien précis.

Quand vous pratiquez déjà un métier et que le poker est pour vous une activité secondaire – même si vous en tirez des revenus appréciables –, vous ne comptez pas sur le jeu pour mettre du pain sur la table le lendemain. Par contre, lorsque vous faites du poker votre principale source de revenus, vous choisissez de vivre sans filet. Dès lors, votre vie dépend de vos performances. C'est une énorme pression supplémentaire à laquelle les joueurs occasionnels ne sont pas soumis. Quand viennent des périodes prolongées de vaches maigres, elles risquent d'avoir des conséquences plus graves et il peut être plus difficile d'en sortir.

Il faut aussi préciser que les activités les plus passionnantes perdent un peu de leur lustre dès qu'elles deviennent un gagne-pain. Parlez-en à n'importe quel sportif ou artiste professionnel. Le passage à ce niveau s'accompagne à peu près toujours d'une responsabilité incontournable : celle de performer de façon régulière. Non seulement pour des raisons alimentaires, mais aussi pour maintenir son statut au sein d'une élite.

L'autre raison qui justifie une discipline rigoureuse est l'abondance des sources de distraction qui risquent de détourner les joueurs de leur activité principale. Les voyages en première classe, les hôtels de luxe, les grandes villes qu'on découvre, le clinquant de Las Vegas et d'Atlantic City n'incitent pas spontanément à la discipline. À quoi il faut évidemment ajouter l'omniprésence de l'argent qui attire comme un aimant toutes sortes de gens et d'activités plus ou moins recommandables. Bref, le joueur de poker professionnel ne vit pas dans un environnement très sain, encore que la situation se soit améliorée depuis quelques décennies. On n'en est plus à l'époque où les joueurs professionnels avaient toujours un colt à portée de la main. Il n'en reste pas moins que c'est un milieu où il est facile de céder à certaines tentations.

Depuis que je suis entré dans cet univers très particulier, j'ai toujours été conscient des risques qui y sont associés. C'est pourquoi je fais de mon mieux pour maintenir un rythme de vie équilibré. J'essaie de dormir à des heures régulières, je surveille mon alimentation, je fais régulièrement de l'exercice et j'évite les abus. Ma logique est simple: ma vie, c'est le poker, et mon objectif est de figurer constamment parmi les meilleurs. Donc, je dirige toutes mes énergies vers cet objectif et je fuis systématiquement tout ce qui pourrait m'en détourner.

La discipline d'un joueur de poker est aussi intimement liée à la nécessité de s'améliorer constamment par la pratique, l'entraînement, l'étude et l'analyse de mes anciens matchs et de ceux joués par les meilleurs. J'y consacre une part importante de mes journées. Je ne suis pas différent en cela des sportifs et musiciens professionnels qui doivent s'entraîner quotidiennement et déployer des efforts constants, non seulement pour ne pas « perdre la main », mais aussi, et surtout, pour se maintenir à un haut niveau de performance.

L'excellence, dans quelque domaine que ce soit, passe nécessairement par une discipline rigoureuse qui s'appuie largement sur la motivation à maintenir sa place parmi les joueurs d'élite et sur la persévérance nécessaire pour y parvenir.

Au jour 4 de l'événement principal des Séries mondiales 2010, au moment où la bulle est sur le point d'éclater, Phil Galfond est directement à ma gauche, soit la meilleure position pour exercer sur moi un maximum de pression. La bulle est le moment du tournoi où nous en sommes aux dernières éliminations avant d'atteindre les places payantes. Phil est considéré par plusieurs comme l'un des meilleurs joueurs de poker, mais aussi comme l'un des plus agressifs. Il voulait de toute évidence tirer parti de la bulle, alors que la majorité des joueurs ralentissaient et jouaient de façon prudente afin de s'assurer un profit. Il représentait donc pour moi une menace constante.

Bref, je me devais aussi de jouer moins de mains et de faire preuve à la fois de patience et de discipline. Dans une position aussi dangereuse, le meilleur scénario pour moi consistait à conclure la journée sans trop de dommages en espérant profiter d'une meilleure table le lendemain, ce qui n'allait sûrement pas être très difficile!

Dans un tel contexte, la sélection de mes mains de départ était hyper-serrée, ce qui veut dire que je ne jouais alors que les mains très fortes. Je tire A♠-Q♥ en position médiane et je relance. Sans surprise, Galfond relance à son tour d'un montant important. L'action revient à moi et nous disposons alors tous deux d'un tapis plutôt profond. Je ne peux pas me permettre de suivre, car il est alors inconcevable pour moi de jouer un pot hors position contre Galfond. Je ne dispose que de deux options: relancer ou me coucher. Si je décide de relancer, la profondeur des tapis fera en sorte que la relance sera démesurée, ce qui représente pour moi un risque trop élevé, juste avant d'entrer dans la zone payante. Malgré la force de ma main et mes excellentes chances de gain, je me couche à contrecœur.

En fait, après y avoir longuement repensé à tête reposée, j'en suis venu à la conclusion que, dans ce cas particulier, j'aurais dû pousser la discipline encore plus loin et me coucher pré-flop. C'est une idée qui peut paraître étrange, mais je pense que c'est ce que les circonstances dictaient.

CHAPITRE 7

La persévérance

« Si c'était facile, tout le monde le ferait. »
BONNIE DAMIANO

L'histoire de la plupart des grands du poker est marquée au coin d'une volonté de fer et d'une persévérance de tous les instants.

Avant de remporter son premier bracelet des Séries mondiales de poker à 23 ans, en 1998, Daniel Negreanu avait connu une longue traversée du désert. Deux ans plus tôt, sa première expérience à Las Vegas s'était soldée par un échec retentissant qui l'avait ruiné. Son fonds de roulement de 3 000 $ n'avait pas duré deux jours. Après s'être refait une cagnotte, il retourne à Vegas quelques mois plus tard pour être à nouveau lessivé. Mais il ne lâche pas. Il comprend que son jeu n'est pas encore au point pour les grandes ligues et il revient à Toronto, sa ville natale, étudier les stratégies, se perfectionner, puis jouer et encore jouer. Finalement, le déblocage s'est produit et aujourd'hui il est considéré à juste titre comme l'un des meilleurs joueurs de poker au monde.

Débarqué aux États-Unis en provenance de son Vietnam natal en 1974, à l'âge de 12 ans, Scotty Nguyen a commencé à jouer au poker à 16 ans et s'est lui aussi trouvé complètement fauché après un premier voyage à Las Vegas, où il a dû travailler comme croupier pour se reconstituer un pécule. Après avoir perdu son fonds de roulement à plusieurs reprises, ce n'est qu'en 1995 qu'il réussit à s'inscrire à un tournoi des Séries mondiales, remportant trois ans plus tard l'événement principal. Aujourd'hui, il figure parmi les dix meilleurs boursiers de tous les temps.

Elle est très longue, la liste des joueurs qui ont perdu de petites fortunes avant de finalement percer dans l'univers du poker d'élite.

Pour ma part, j'ai eu la chance de ne pas avoir de déboires aussi spectaculaires que ceux que je viens de décrire, mais j'ai quand même traversé de grandes difficultés et des périodes de doute dans ma quête d'excellence. Ces séquences sont inévitables et il est facile de se décourager quand elles surviennent. Pour moi – comme pour tant d'autres –, ces épreuves m'ont montré qu'il m'en restait encore beaucoup à apprendre et, surtout, elles ont servi à tester ma détermination à rester concentré sur mon objectif: celui de devenir le meilleur joueur possible.

Même quand on atteint les sommets de l'univers du poker, les circonstances nous rappellent constamment que personne n'est à l'abri des passages à vide. Même les professionnels ne réalisent des gains pécuniaires significatifs que dans une faible proportion des tournois auxquels ils participent. Bien sûr, l'importance des bourses compense souvent les pertes causées par les coûts d'inscription aux tournois dont ils reviennent bredouilles. Il faut convenir aussi qu'ils gagnent plus souvent qu'ils ne perdent dans les parties à l'argent, mais il n'en reste pas moins que le parcours d'un joueur de poker est parsemé de situations où il doit constamment démontrer sa force de caractère.

❖

On ne s'improvise pas joueur de poker professionnel. On le devient à force de talent, de volonté, de travail et d'une persévérance à toute épreuve.

Tout le glamour qui entoure l'univers du poker donne l'impression d'une bande de *golden boys* qui nagent dans l'argent et ont toujours eu la vie facile. Mais la réalité est bien différente de ce qu'on voit à la télé et au cinéma. La très grande majorité des grands noms du poker viennent, tout comme moi, de la classe moyenne ou de milieux modestes. Plusieurs ont même vécu dans la pauvreté et le dénuement. Ce sont des gens ordinaires qui, comme beaucoup d'autres, se sont découvert un jour une passion pour une activité, qui ont patiemment cultivé leur talent et, à force d'étude et de travail acharné, se sont hissés parmi les meilleurs. À vrai dire, les choses ne peuvent pas se passer autrement quand on vise le sommet.

Nous naissons tous avec certains talents particuliers. Mais, comme le chantait Georges Brassens bien avant ma naissance, « sans technique, un don n'est rien qu'une sale manie ». Il aurait pu ajouter que sans travail, la technique aussi atteint rapidement ses limites.

Ainsi, je connais de très bons joueurs de golf qui maintiennent bon an mal an un handicap de 5 ou 6 – un excellent niveau que je n'atteindrai jamais –, mais qui n'ont jamais ouvert un livre sur les techniques de leur sport favori et que la seule pensée d'aller frapper des balles au champ de pratique ennuie profondément. Ils savent qu'à cause de cela, et malgré leur talent indéniable, ils n'atteindront jamais les hautes sphères. C'est la même chose pour le poker : si vous n'êtes pas prêt à y consacrer des milliers d'heures d'étude, d'analyse et surtout de jeu, vous pourrez tout de même devenir très bon, mais vous ne serez jamais un joueur d'élite. Beaucoup de gens s'en contentent et c'est très bien comme ça, mais là se trouve la frontière entre la performance honorable et l'excellence.

On a écrit au fil des ans des milliers d'ouvrages qui prétendent révéler la recette du succès. Comment se faire des amis. Comment devenir riche et prospère. Comment être heureux en amour. Comment réussir en affaires. Chacun de ces ouvrages contient certainement quelques vérités élémentaires, des techniques, des façons de faire, des attitudes à adopter. Mais, au fond, tout cela se résume à peu de choses : la persévérance. Qu'est-ce que la persévérance ? C'est d'accepter que, pour devenir un maître dans un art particulier, il faille s'y consacrer entièrement et y investir un nombre incalculable d'heures. Et encore, cela ne suffit pas toujours. Il faut par surcroît que le travail puisse s'appuyer sur un minimum de talent, de passion et d'habiletés techniques. Ce n'est pas simple, mais il n'y a pas d'autres façons d'y parvenir.

Dans *Outliers : The Story of Success*[1], un ouvrage qui a connu un certain retentissement, mais qui n'a malheureusement pas encore été traduit en français, l'auteur britannique Malcolm Gladwell écrit que le pur génie n'existe pas vraiment, mais que la pratique peut avoir raison de

1. Gladwell, Malcolm. *Outliers : The Story of Success, Little,* Brown & Company, 2008, 320 pages.

tout. Autrement dit, en y mettant le temps qu'il faut, on peut devenir un grand avocat, un musicien virtuose... ou un champion de poker. En s'appuyant sur des études menées par divers spécialistes, Gladwell établit à environ 10 000 heures le temps nécessaire pour maîtriser à fond une discipline. C'est énorme, quand on y songe. Cela signifie que, si vous consacrez huit heures chaque jour à l'étude et à la pratique du poker, vous mettrez trois ans et demi à devenir un joueur gagnant. Si, comme la plupart des gens, vous avez un emploi et que vous ne pouvez vous consacrer au poker que trois heures par jour, vous en aurez alors pour neuf ans !

Cette évaluation corrobore les résultats d'une étude menée par le site Pokerftp.com sur plus d'un milliard de mains jouées sur divers sites de poker en ligne dans des parties à l'argent. La base de données constituée par Pokerftp.com révèle que moins de 20 % des gens qui jouent au poker en ligne réalisent des gains. Par contre, 53 % de ceux qui ont joué au moins 100 000 mains sont des gagnants.

Ces résultats confirment donc un fait incontournable : peu importe votre talent, vous ne deviendrez jamais un joueur dominant sans un apprentissage rigoureux, des efforts considérables et de longues heures de pratique.

Selon
Jonathan

« Pour moi, la persévérance est cette insistance constante à refuser l'échec. Il n'y a pas de défaite ultime tant qu'on n'abandonne pas. Personne n'accomplit l'extraordinaire sans une persévérance de même mesure. »

❖

Comme je l'ai déjà raconté dans un chapitre précédent, je me suis passionné pour le poker dès que j'ai découvert ce jeu. Dès lors, j'ai voulu en connaître tous les secrets. Et, de fil en aiguille, à mesure que je progressais, devenir meilleur ne me suffisait plus : il fallait carrément que je franchisse toutes les étapes pour devenir le meilleur joueur possible, et j'étais prêt à faire tout ce qu'il fallait pour y parvenir.

Issu d'une génération qui est pour ainsi dire née avec Internet, c'est là, tout naturellement, que j'ai d'abord dirigé mes recherches, y trouvant rapidement une foule de pistes intéressantes. Au début, ce n'était pas une démarche très systématique. J'explorais, tout simplement, mais j'accumulais tout de même des connaissances, et je me suis rapidement rendu compte que je devais d'abord me familiariser avec les théories globales du poker, clés essentielles qui ouvrent les portes de cet univers à la fois si simple et si complexe. Avant même de jouer pour de bon, j'ai passé de longues heures à lire sur les stratégies, pour ensuite les tester dans la pratique. Ma formation de base s'est essentiellement articulée autour de deux auteurs qui demeurent pour moi, encore aujourd'hui, des maîtres à penser.

Le livre fondamental qui m'a appris les bases de la stratégie du poker est *Poker Théorie*[2] de David Sklansky, qui a écrit plus d'une douzaine de livres sur le sujet et qui est lui-même un joueur professionnel qui compte à son actif pas moins de trois bracelets WSOP[3]. Considéré par plusieurs spécialistes comme la bible du poker, cet ouvrage figure dans la bibliothèque de tout joueur sérieux et me paraît encore aujourd'hui essentiel pour qui désire progresser dans la hiérarchie du

---

2. Sklansky, David. *Poker Théorie*, Éditions Fantaisium, 2008, 351 pages.
3. Un bracelet WSOP (World Series of Poker) est remis au gagnant de chaque tournoi des Séries mondiales de poker, soit une soixantaine par année.

poker. Émaillé de nombreux exemples, il aborde clairement et simplement toutes les questions qui comptent dans la stratégie du poker, qu'il s'agisse des cotes du pot, de l'importance de la position, du bluff ou de la psychologie. Surtout, il expose la nécessité incontournable d'adapter son jeu à ses adversaires et de tirer le maximum de ses mains gagnantes.

J'ai aussi tiré beaucoup d'enseignements de trois autres ouvrages de Sklansky, soit *Small Stakes Hold'em*[4], *Hold'em Poker for Advanced Players*[5] et *No Limit Hold'em : Theory and Practice*[6] (en anglais seulement), qui sont plus pointus, mais tout aussi clairs. Ils vous feront progresser dans la stratégie.

L'autre auteur qui m'a permis d'affermir la base de mes connaissances dans le domaine du poker est Dan Harrington, lui-même un joueur remarquable, vainqueur de l'événement principal des Séries mondiales de poker en 1995, et champion de backgammon et d'échecs. Son ouvrage en trois tomes, *Poker Harrington : La trilogie stratégique des tournois no-limit*[7], est exclusivement consacré au Texas hold'em sans limites en tournoi. En plus de 1400 pages, on y apprend notamment les stratégies de base du poker en tournoi, la sélection des mains de départ et les concepts avancés du jeu. Le troisième tome est particulièrement intéressant, puisqu'il propose une analyse illustrée de 50 situations concrètes de jeu vécues par les meilleurs joueurs au monde – dont Phil

---

4. Sklansky, David, Miller, Ed et Mason Malmuth. *Small Stakes Hold'em*, Two Plus Two Publishing, 2004, 369 pages..
5. Sklansky, David et Mason Malmuth. *Hold'em Poker : For Advanced Players*, Two Plus Two Publishing, 1999, 332 pages.
6. Sklansky, David, Miller, Ed. *No Limit Hold'em: Theory and Practice*, Two Plus Two Publishing, 2006, 302 pages.
7. Harrington, Dan et Bill Robertie. *Poker Harrington 1 – La stratégie de jeu*, Éditions Fantaisium, 2008, 464 pages ; *Poker Harrington 2 – Les fins de tournoi*, Éditions Fantaisium, 2008, 528 pages ; *Poker Harrington 3 – Livre d'exercices*, Éditions Fantaisium, 2008, 416 pages.

Ivey, Phil Hellmuth, Dan Negreanu et Mike Matusow – dans des tournois des Séries mondiales de poker. À mes yeux, cette trilogie est indispensable à tous ceux qui désirent progresser.

Après avoir fait le nécessaire apprentissage théorique du poker, je suis passé à la pratique, qui demeure de loin le moyen le plus sûr de s'améliorer. Cependant, je ne m'imaginais pas alors que j'étais prêt à faire face à l'élite du poker. À cette étape où l'on ne fait que commencer à tester dans la réalité les théories fraîchement apprises dans les livres, je demeurais bien conscient qu'il me restait beaucoup de choses à apprendre. Je savais que je commettrais un certain nombre d'erreurs découlant de l'inexpérience et que je devrais en tirer systématiquement les leçons. Car c'est par là que passe le processus d'amélioration.

Évidemment, après avoir absorbé tant de connaissances théoriques, on éprouve le sentiment d'avoir franchi des pas de géants, d'avoir compris des tas de choses qu'on ne soupçonnait pas. Dans ces circonstances, beaucoup de gens éprouvent un sentiment de puissance et même d'invincibilité. Mais la réalité se chargera rapidement de les ramener sur terre. Lorsqu'on désire réellement s'améliorer dans une discipline, il faut toujours rester modeste et lucide tout en gardant intacte sa confiance en soi.

Peu importe où l'on se situe dans la hiérarchie du poker, il ne faut jamais penser qu'on est arrivé au sommet, qu'on n'a plus rien à apprendre et qu'il n'y a plus d'efforts à faire. Dès que j'ai commencé à jouer plus sérieusement, j'ai donc été très conscient de l'importance d'analyser mes performances afin de préserver mes acquis et surtout de continuer à progresser. Je n'ai jamais cessé de le faire depuis. Après chaque journée de jeu, que ce soit sur Internet ou en tournoi, j'analyse les mains que j'ai jouées, en particulier celles qui portaient sur de gros enjeux. Il est important de faire preuve de rigueur et d'objectivité quand on s'adonne à ce genre d'exercice, car il est facile – surtout quand on débute – de se raconter des histoires. Il faut toujours se rappeler qu'au poker, ce n'est pas parce qu'on a gagné une main qu'on a nécessairement bien joué, et l'inverse est tout aussi vrai.

Heureusement, si vous jouez sur Internet, il est facile aujourd'hui de vous procurer des outils efficaces qui facilitent ce travail d'analyse. Il existe des logiciels – je pense en particulier à Hold'em Manager et à Poker Tracker – qui constituent dans votre ordinateur une base de données à partir de toutes les mains que vous avez jouées en ligne. Ils fournissent de précieuses informations et des statistiques, indiquent des tendances, montrent les positions et les situations où vous avez gagné ou perdu le plus d'argent. Ils contiennent également des renseignements inestimables sur vos adversaires, lesquels sont plus agressifs ou plus prudents, lesquels misent le plus souvent avant le flop, quelles mains s'avèrent les plus intéressantes selon le nombre de joueurs à la table, etc. Tout joueur sérieux qui désire s'améliorer devrait profiter à fond de tels instruments.

D'ailleurs, l'émergence d'Internet a eu un effet extrêmement positif sur le développement du poker dans le monde. Le poker en ligne a permis non seulement de démocratiser le jeu, mais aussi de multiplier le nombre de bons joueurs sur la planète. Auparavant, une personne qui voulait jouer et s'améliorer devait se déplacer physiquement là où il trouverait des adversaires, ce qui n'était pas toujours facile, surtout quand on habitait loin des grands centres urbains. Aujourd'hui, il suffit simplement de posséder un ordinateur muni d'une connexion Internet pour jouer autant de parties qu'on le désire, avec le nombre de joueurs qu'on veut et pour des enjeux qu'on a soi-même choisis. On peut même jouer gratuitement avec de l'argent fictif. On peut donc s'améliorer rapidement et à peu de frais. Puis, quand on se sent prêt, on peut commencer à miser, et passer aux étapes supérieures à mesure qu'on progresse. C'est exactement ainsi que j'ai procédé dans mon apprentissage.

Cela dit, il faut beaucoup de lucidité pour déterminer si on est prêt ou non à passer à une autre étape, et cette qualité s'inscrit aussi dans la détermination. Le joueur déterminé acceptera en effet, même s'il est extrêmement motivé à devenir meilleur, de jouer à une limite inférieure, car il est méthodique et patient dans sa volonté de progresser. Il refuse de brûler les étapes.

❖

Il est rassurant de croire qu'en y mettant le temps et les efforts nécessaires, on parviendra à coup sûr à devenir un champion de poker. Malheureusement, ne vous faites pas d'illusions : c'est loin de toujours se passer ainsi. Pensons simplement à tous ces jeunes gens prêts à tout pour faire le saut dans les ligues majeures, au hockey ou au baseball, mais qui ne dépassent pas le junior au hockey et le niveau AA au baseball. Le travail est absolument essentiel, mais, pour la plupart des gens, cela ne suffit pas pour se hisser parmi les meilleurs. N'est pas Wayne Gretzky ou Babe Ruth qui veut !

Il vient souvent un moment, au poker comme ailleurs, où l'on finit par plafonner, par atteindre ses limites. Ce fait a été très bien illustré il y a déjà plusieurs décennies par les auteurs du *Principe de Peter*[8], selon lequel « tout employé tend

8. Laurence J. Peter et Raymond Hull.

à s'élever à son niveau d'incompétence ». Autrement dit, on arrive inévitablement à une étape où l'on cesse de s'améliorer et où, pour recommencer à gagner, il faut redescendre à l'échelon inférieur.

C'est alors que commence, pour bien des joueurs, un va-et-vient incessant entre deux niveaux de jeu, un peu comme ces *journeymen* – comme on les appelle communément dans les milieux du sport professionnel –, des voyageurs qui passent leur carrière entre les ligues mineures et les ligues majeures. Beaucoup d'entre eux se décourageront ou finiront par accepter leur sort et se satisfaire du niveau où ils réussissent à enregistrer des gains. D'autres, plus rares, persisteront et parviendront finalement à accéder pour de bon aux hautes sphères du poker.

Tout cela pour dire que la détermination et la persévérance sont des passages obligés vers les sommets, mais ne viennent pas nécessairement à bout de toutes les difficultés. Au poker, certaines habiletés sont beaucoup plus difficiles à maîtriser que d'autres. La capacité de lire ses adversaires en est une.

CHAPITRE 8

La psychologie

« Vous devez savoir quelle sorte de main cache ce type, quelle décision prendra tel autre, observer les veines de son cou, ses yeux, la manière dont il transpire. »

JOHNNY MOSS

Même si je l'ai souvent cité en exemple depuis le début de ce livre – entre autres parce que c'est l'un des meilleurs joueurs au monde et que je lui voue une grande admiration –, il m'est très difficile de ne pas commencer ce chapitre sur la psychologie du poker sans évoquer à nouveau Daniel Negreanu, véritable maître dans la capacité de lire ses adversaires.

Daniel est d'une espèce assez rare dans l'univers du poker : c'est un bavard impénitent et sympathique, d'une extrême gentillesse, aimé de tous autour de la table. Pourtant, derrière cette personnalité bon enfant se cache un prédateur redoutable qui, de son propre aveu, se sert de ses talents innés de communicateur pour glaner le maximum d'informations sur ses adversaires et les mettre à profit dans le cours d'une partie ou d'un tournoi. Plus les autres joueurs en disent sur eux-mêmes – que ce soit verbalement ou par le langage corporel –, plus il est en mesure de juger de leur nature, de leur état d'esprit et de leur façon de jouer. Il possède une capacité remarquable d'établir rapidement le profil d'un adversaire et de deviner, d'après ses décisions et son comportement à la table, quel genre de cartes il a en main. Le plus impressionnant, c'est que, bien qu'il parle énormément à la table, il est l'un des joueurs les plus difficiles à lire de toute la planète poker.

❖

Si l'essentiel des techniques du poker se limitait à savoir calculer les cotes du pot, ce serait un jeu relativement facile où il suffirait d'être doué pour les mathématiques pour gagner avec régularité. Ce qui rend ce jeu si complexe et fascinant, c'est l'élément humain, la stratégie mentale qui entre en ligne de compte et fait souvent la différence entre un gain et une perte. Surtout à un niveau où, techniquement, les joueurs sont à peu près de force égale.

Les joueurs qui réussissent le mieux à cerner leurs adversaires jouissent d'un avantage marqué, parce qu'ils sont en mesure de se faire une meilleure idée non seulement des cartes que ces adversaires cachent par devers eux, mais aussi de leur degré d'agressivité, de leur propension au bluff ou de leur confiance. Forts de ces informations, ils sont en mesure de prendre de meilleures décisions.

On me demande souvent de définir mon style de jeu. Suis-je agressif, conservateur, audacieux, prudent ? À cette question, je réponds invariablement : « Je n'ai pas de style. Mon style, c'est celui de mes adversaires. » Contrairement à ce que bien des gens pourraient penser, il ne s'agit pas d'une boutade. C'est vraiment ainsi que je pense et que je joue. C'est à moi de m'adapter aux joueurs auxquels je fais face. Car, si ce sont eux qui s'adaptent à ma façon de jouer – c'est-à-dire s'ils réussissent à comprendre la motivation profonde de chacun de mes gestes –, aussi bien quitter la table tout de suite. Je suis cuit.

Quand je suis assis à une table de poker – en particulier face à des adversaires que je ne connais pas ou peu –, je sais que, si je veux avoir de bonnes chances de gagner, je dois savoir au plus vite à qui j'ai affaire. Chaque joueur est une porte que je dois ouvrir. Je veux carrément entrer dans son cerveau, le rendre pour ainsi dire transparent à mes yeux afin qu'il soit prévisible. Je veux pouvoir déterminer le mieux possible la force des cartes qui composent la main de chacun, les sentiments qui les habitent à des moments stratégiques, et, bien sûr, les gestes qu'ils feront. Surtout, je veux savoir pourquoi tel joueur agit de telle manière, et je ne dois jamais tenir pour acquis que ses motivations sont semblables aux miennes. La logique de cette stratégie est simple : plus je connais mes adversaires et dispose d'informations sur eux, plus je suis en mesure de contrôler la partie.

Dans la terminologie du poker, tout ce qui se rapporte à la psychologie fait partie de ce qu'on appelle généralement la *metagame* – le « para-jeu », ou « jeu dans le jeu » auquel j'ai fréquemment fait allusion dans ce livre –, c'est-à-dire tout ce qui n'a pas spécifiquement trait à la distribution des cartes et au calcul des probabilités. On parle ici de l'historique de mes confrontations avec tel ou tel joueur, de la perception que j'ai de chacun de mes adversaires et de celle qu'ils ont de moi, des indices que chacun découvre à propos du style d'un autre, bref de tout ce qui n'est pas quantifiable dans une compétition de poker.

Parvenu à ce niveau, on ne parle plus d'un simple jeu de cartes, mais d'une véritable guerre des nerfs.

❖

Le premier élément dont il faut tenir compte pour apprendre à lire ses adversaires, c'est la façon dont ils misent. Chaque joueur a ses propres protocoles en fonction des situations et a tendance à reproduire les mêmes séquences de mise selon la valeur de ses cartes. Lorsqu'ils ont une bonne main, certains auront tendance à miser gros afin de défendre leur possibilité de gain et forcer les autres joueurs à se coucher. D'autres miseront plus petit afin de ne pas effrayer leurs adversaires et les inciter à suivre, tentant ainsi d'augmenter la valeur du pot. (Ce qui, soit dit en passant, est la manière privilégiée par beaucoup de débutants de faire monter les enchères, mais ce n'est pas la plus efficace : le meilleur moyen de faire augmenter la valeur d'un pot, c'est de faire de grosses mises.) D'autres encore, avec une main faible ou moyenne, recourront souvent au bluff. Dans ce contexte, il me reste à déterminer le style de chacun de mes adversaires et les motivations qui les poussent à agir comme ils le font.

À force d'observer les mises de mes adversaires, au bout d'un certain nombre de mains, une espèce de labyrinthe se dessine dans mon cerveau et, en démêlant l'écheveau, je suis en mesure de déceler les tendances de chacun et les choses finissent par avoir du sens. Elles m'informent non seulement du mode de pensée de tel joueur – s'il est timide, prudent ou agressif –, mais aussi de l'éventail de mains possibles qui correspondent à peu près au nombre de jetons qu'il a misés. Par exemple, s'il mise 50 jetons avant le flop, je saurai qu'il détient une paire moyenne. S'il en engage 100, il possède une grosse paire ou une main de type A-K ou A-Q. S'il mise 100 jetons au tournant, je me douterai qu'il recherche une suite, une couleur ou un brelan. Du même coup, cela m'aidera à prévoir son comportement en cas de relance et la fréquence relative de ses bluffs. Autrement dit, en réussissant à deviner ses réactions probables, je me donne un net avantage sur lui, un peu comme un joueur d'échecs qui prévoit plusieurs coups à l'avance.

Les meilleurs joueurs de poker sont précisément ceux qui sont en mesure d'utiliser la psychologie à leur avantage et de détecter les pensées intimes de leurs adversaires. Je suis assez fier – en toute modestie – d'avoir su développer, avec le temps, une très bonne capacité de lire rapidement mes adversaires, de comprendre leur mode de pensée et d'interpréter leur comportement à la table. C'est même devenu pour moi un automatisme, une seconde nature qui a joué un rôle important dans ma victoire aux Séries mondiales de 2010.

Bien sûr, ces tentatives d'entrer dans le cerveau des autres joueurs ne fonctionnent pas toujours, parce que mes adversaires savent très bien que je cherche à détecter leurs tendances de mise et ils font la même chose avec moi. Voilà pourquoi ils prendront des moyens pour se rendre imprévisibles, en misant différemment de temps à autre afin de – c'est le cas de le dire – brouiller les cartes et de m'induire en erreur. Certains miseront très petit avec une grosse main, d'autres miseront gros avec un jeu de faible valeur, au risque de perdre leur mise. Mais, comme le sait tout joueur de haut niveau, il vaut la peine de perdre une petite main pour semer le doute dans l'esprit de ses adversaires et rafler un gros pot plus tard.

Lors de la table finale de l'événement principal des Séries mondiales de 2010, mon aptitude à m'infiltrer dans l'esprit de mes adversaires a été mise à rude épreuve. L'un de mes adversaires les plus difficiles à lire fut Joseph Cheong, étoile montante du poker international, qui termina au troisième rang du tournoi.

Extrêmement agressif, il modifiait constamment ses séquences de mise, exerçant beaucoup de pression sur ses adversaires et les plaçant fréquemment en déséquilibre. À la fin, toutefois, il s'est donné lui-même le coup de grâce en perdant le plus gros pot de toute l'histoire des Séries mondiales, soit 176,4 millions de jetons, dans une main qui pour moi demeure la plus déterminante du tournoi, celle qui a ouvert pour de bon la voie à ma victoire finale. Avec A♠-7♥ contre ma paire Q♣-Q♦, après six mises et relances successives de part et d'autre avant le flop, il avait finalement fait tapis et j'avais appelé. Le flop avait apporté 3♦-9♥-2♣, Cheong cherchant désespérément l'as qui lui ferait gagner la main et m'éliminerait pratiquement du tournoi. Au tournant, 6♠ était sorti. Cheong n'avait plus que trois cartes qui le sauveraient à la rivière, qui avait finalement tourné 8♠. Ma paire de dames avait tenu. Il restait à Joseph Cheong moins de 10 millions de jetons et son élimination n'était plus qu'une formalité. Quant à moi, je me retrouvais avec environ 85 % des jetons, donc largement favori à l'aube de mon duel final avec John Racener.

Je crois que la *metagame* a joué un rôle essentiel dans cette main. Certains estiment que Joseph Cheong a péché par excès d'agressivité en poussant son tapis, mais je ne suis pas d'accord avec cette analyse. Son A-7 était une main assez forte pour une table de trois joueurs. C'est un cas où il n'a pas eu beaucoup de chance. Par ailleurs, il faut rappeler que, auparavant, à la table finale, nous nous étions souvent relancés, lui et moi, et qu'à sa quatrième mise je me couchais presque toujours. Il a sans doute pensé que j'allais faire la même chose. Puis, quand j'ai relancé à cinq, il avait de bonnes raisons de penser que je bluffais, que je tentais justement de m'ajuster à ses fréquentes relances en y mettant une couche supplémentaire d'agressivité. En faisant tapis, il avait répondu à ce qu'il jugeait être mon ajustement à son jeu agressif et s'est probablement dit que je n'oserais pas le suivre. De mon côté, outre le fait que ma paire de dames formait aussi une excellente main à une table de trois joueurs, je savais que Joseph Cheong avait multiplié les attaques tout au long de la table finale et que la force de sa main ne justifiait peut-être pas l'importance de ses mises.

Cet exemple m'amène à aborder un autre aspect fondamental de la *metagame* ou du « jeu dans le jeu », à savoir les niveaux de pensée et de réflexion.

❖

Pour gagner régulièrement au poker, il ne suffit pas de détecter chez ses adversaires les habitudes de mise, les styles, le niveau d'agressivité ou le genre de stratégie qu'ils déploient. Il faut aussi pousser sa réflexion à des degrés de plus en plus complexes d'analyse.

Le premier degré de réflexion consiste, au fond, à ne se préoccuper que de son propre jeu, sans porter attention aux autres considérations à l'égard de ses adversaires. Il s'agit de jouer strictement en fonction des cartes dont on dispose. C'est généralement ainsi que procèdent les débutants et les joueurs occasionnels.

Vient ensuite un deuxième degré qui prend en compte l'analyse du jeu des adversaires, de leur comportement, de la fréquence et du montant de leurs mises. C'est le type de réflexion qu'on retrouve chez les joueurs un peu plus avancés, mais qui ne réalisent pas vraiment de gains à long terme.

Le troisième niveau de réflexion est encore un peu plus complexe : il consiste, à partir des informations dont je dispose, à me mettre dans la peau de mon adversaire pour tenter d'imaginer ce qu'il pense de mon propre jeu à tel moment. Croit-il que j'ai une grosse main ? Que j'espère compléter une suite ou une couleur ? Que je suivrai ou pas une grosse relance ? Que je bluffe ? La capacité d'atteindre ce degré de réflexion et d'analyse fera de vous un joueur gagnant à long terme.

Au quatrième niveau de réflexion, la question est la suivante : « Qu'est-ce que mon adversaire pense que je pense qu'il a dans les mains ? » Trop compliqué ? Peut-être, mais on ne peut pas faire partie de l'élite du poker sans s'interroger de la sorte. Quand on maîtrise cette joute mentale du chat et de la souris, on peut détecter les pensées intimes des autres joueurs, identifier les bluffs et limiter ses pertes sur des mains plus faibles et augmenter ses possibilités de gain sur les grosses mains.

On peut même aller encore plus loin dans les niveaux de réflexion, par exemple lorsque s'affrontent deux excellents joueurs qui se connaissent très bien. Si vous avez la chance d'observer une telle situation à la télévision pendant un gros tournoi, il se peut que vous trouviez certaines décisions quelque peu étranges. Mais je vous assure que ces joueurs savent ce qu'ils font. Par exemple, pour revenir à cette main contre Joseph Cheong, nous étions rendus beaucoup plus loin qu'au quatrième niveau. Peut-être au huitième ou au neuvième. Voilà pourquoi sa décision de faire tapis avec une main A-7 assez moyenne – mais qui avait quand même du potentiel dans une confrontation à deux – n'est pas aussi étonnante qu'on pourrait le penser.

Cependant, on aurait tort de croire que ceux qui pensent à un niveau supérieur devraient déployer toute leur artillerie contre des joueurs beaucoup plus faibles. Comme on dit souvent, il faut être deux pour danser le tango. Si vous pensez au quatrième niveau et que votre adversaire est au premier niveau, il ne vous servira à rien de pousser votre analyse plus loin, puisque votre adversaire n'est concentré que sur son propre jeu et rien d'autre. Cela équivaudrait à vous battre contre une ombre et à dépenser beaucoup d'énergie pour rien. On croit généralement que, pour avoir les meilleures chances de gagner, un joueur devrait réfléchir à un niveau immédiatement supérieur à celui de son adversaire. Par exemple, si vous faites face à un adversaire de niveau 2, vous devriez jouer au niveau 3, pas plus. Si vous choisissez de penser à un niveau supérieur, vous agirez avec lui comme s'il était meilleur qu'il ne l'est en réalité. Vous lui tendrez des pièges trop élaborés auquel il ne mordra pas et cela finira au bout du compte par se retourner contre vous.

❖

Il ne faut surtout pas envisager la psychologie au poker comme une bataille d'ego. Si vous adoptez cette attitude, vous risquez de vous laisser gagner par l'émotion, ce qui ne peut que réduire votre capacité de penser clairement et de prendre les meilleures décisions. Il ne faut jamais céder à la tentation de personnaliser les confrontations au poker, sinon vous cesserez de penser à long terme. Par exemple, il ne faut pas refuser, pour des raisons de fierté, de perdre de petits pots, puisque vous pourrez en gagner un gros plus tard. L'objectif au poker n'est pas de gagner des mains, mais de gagner des jetons et de l'argent. Cela ne me dérange pas du tout de perdre neuf mains sur dix, si celle que je gagne me rapporte plus que ce que j'ai perdu dans les neuf autres. Voilà la logique qui doit dominer à une table de poker.

Une autre erreur qu'il ne faut jamais commettre quand on essaie de percer l'esprit et de comprendre les motivations de ses adversaires, c'est de tenir pour acquis que leur mode de pensée est semblable au vôtre. Chaque joueur est unique. Les mêmes situations de jeu inspirent à chacun des stratégies différentes. Chacun privilégie des avenues distinctes pour arriver aux mêmes fins. Certains bluffent plus que d'autres, misent davantage ou se couchent plus volontiers. Certains croient plus à l'attaque, d'autres sont plus défensifs. Cette diversité des caractères, des comportements et des stratégies exige de dépasser les idées préconçues et de faire preuve de rigueur et de profondeur dans ses jugements. Sinon, on risque de se méprendre souvent sur la réelle nature de ses adversaires et d'en payer le prix.

Il ne faut pas oublier non plus que, s'il est important de bien connaître ses adversaires, il l'est tout autant – sinon plus – de bien se connaître soi-même, sans quoi on risque de devenir son pire ennemi.

CHAPITRE 9

La connaissance de soi

« La clé essentielle de la victoire est de connaître votre ennemi : vous-même. »

ANDY GLAZER

Si vous ne supportez pas la vue du sang, il y a peu de chances que vous deveniez un bon médecin. Si vous détestez les chiffres, il ne vous viendrait pas à l'esprit d'entreprendre des études de comptabilité. Si vous avez peur de l'avion, vous devriez y penser à deux fois avant de solliciter un brevet de pilote. Il en va de même pour le poker : si vous êtes incapable de tolérer la pression, si vous cédez à vos moindres impulsions et si la perspective de perdre un malheureux petit dollar vous donne des boutons, vous ne gagnerez jamais régulièrement à ce jeu.

Avant de décider de ce qu'on veut faire dans la vie, il faut se connaître à fond.

❖

La psychologie au poker ne consiste pas seulement à détecter les sentiments et les intentions de ses adversaires. Elle concerne d'abord et avant tout la connaissance de soi, qui exige une lucidité à toute épreuve, dénuée de complaisance et d'illusions, que ce soit avant, après, et surtout pendant les matchs. Si vous croyez que le fait de connaître vos adversaires vous fera gagner au poker, vous avez tout à fait raison. Mais si vous pensez que cela a peu à voir avec vous, vous vous trompez.

Quand on s'engage sérieusement dans l'univers du poker et qu'on y investit de grosses sommes d'argent et un nombre incalculable d'heures, on n'a pas le droit de se raconter des histoires. Vous ne devez vous croire ni meilleur ni plus mauvais que vous l'êtes en réalité. Vous devez savoir exactement où vous en êtes, connaître vos forces et vos faiblesses, savoir miser à fond sur celles-là et tout faire pour atténuer les effets de celles-ci, ou carrément éviter de vous retrouver dans des situations où les adversaires auraient l'occasion d'exploiter vos faiblesses à vos dépens.

Au poker, il n'y a pas de joueur parfait. Il n'y a pas de joueur invincible. Il n'y a pas de Roger Federer ni de Tiger Woods qui, pendant un certain nombre d'années, trônent seuls au-dessus de la mêlée. L'élément chance empêche qu'un joueur soit totalement dominant de manière continuelle. C'est pourquoi il est si important pour tout joueur de poker de savoir exploiter au maximum les éléments du jeu qu'il est en mesure de contrôler, car même les meilleurs ont des insuccès et peuvent être battus.

Dans le monde du poker comme dans celui du sport en général, chaque joueur a ses forces. Celle de Joe Hachem est sans aucun doute la discipline. Phil Ivey est renommé pour son niveau de concentration et sa maîtrise de soi. Gus Hansen est remarquable pour sa capacité de calculer les cotes implicites et Phil Hellmuth est doué d'un désir de vaincre peu commun, qui se traduit notamment par son arrogance et son sale caractère.

En ce qui me concerne, je crois assez bien connaître le joueur de poker que je suis, même si j'ai moins d'expérience que les joueurs aguerris que je viens de nommer. Au chapitre de mes forces, je peux sûrement identifier le contrôle de mes émotions, l'un de mes principaux atouts, peu importe la pression que je dois subir. Mes capacités mathématiques sont toujours excellentes et je gère bien mon fonds de roulement. Je crois également être assez habile à identifier rapidement les habitudes de mise de mes adversaires, mais je ne lis pas très bien leur comportement et les indices physiques qu'ils peuvent révéler, ce qui est le cas de beaucoup de joueurs qui, comme moi, ont appris à jouer sur Internet. Quant à mes faiblesses, je citerais en particulier mon excès d'agressivité aux tables où l'on compte beaucoup de joueurs – neuf ou dix. Cela tient sans doute au fait que j'aime bien être engagé dans l'action. Comme on passe plus de temps à disputer une main quand on est neuf ou dix autour de la table, j'ai alors tendance à devenir impatient et à miser plus souvent que je le devrais. Dans de telles circonstances, je bluffe de 18 à 20 % du temps, alors que cette proportion devrait être d'environ 15 %. C'est un jeu dangereux, surtout quand on sait que plus il y a de joueurs autour d'une table, plus fortes sont les chances que de grosses mains sortent.

Je ne connais pas de joueur qui n'a pas de faiblesses ou de limites. Certains jouent moins bien quand ils ont faim. D'autres ont beaucoup de difficulté à se relever de la perte d'une grosse main. D'autres encore manquent de concentration au bout de quelques heures de jeu.

Tous les joueurs d'élite connaissent leurs forces comme leurs faiblesses. Ils en sont toujours conscients quand ils sont à la table. Si je sais que je suis particulièrement vulnérable quand je suis tenaillé par la faim, alors je vais prendre des collations, fréquentes mais légères, pour éviter que la digestion affecte ensuite mon jeu. Si le dépit et le doute s'emparent de moi quand je viens de perdre un gros pot, je peux me retirer du jeu pendant quelques mains. Et, si ma concentration s'émousse au bout de quelques heures, je devrais me concentrer plutôt sur les parties à l'argent, où je peux quitter la table à n'importe quel moment, et éviter les tournois.

En général, on perd à cause de ses erreurs, et cette pensée a quelque chose d'angoissant. Mais, quand on y songe un peu plus longuement, on se rend compte que plusieurs de ces erreurs sont dues – tout au moins chez les joueurs aguerris – à un relâchement de l'attention et de la concentration, ou encore à la difficulté à maîtriser ses émotions, conséquences plus ou moins directes de la fatigue, de l'épuisement ou parfois même de l'ennui.

Le poker, comme je l'ai déjà souligné dans cet ouvrage, est un sport mental, un jeu intellectuel qui exige une réflexion intense et soutenue, laquelle peut devenir extrêmement épuisante à la longue. Voilà pourquoi on ne devrait jamais jouer quand on est fatigué. Le risque de commettre des erreurs s'accentue avec la fatigue. C'est vrai pour le poker comme pour toute autre activité sportive ou intellectuelle. Bien sûr, quand je suis en tournoi, je dois jouer, même si je ne suis pas au mieux. Raison de plus pour faire en sorte que le corps et l'esprit résistent à l'usure inévitable d'une longue séance de poker. Il faut évidemment avoir de saines habitudes de vie (j'y reviendrai dans un chapitre ultérieur), laisser les problèmes personnels à la maison, essayer de se détendre et s'assurer de ne jamais perdre le goût de jouer. On a parfois tendance à l'oublier, surtout quand le poker devient plus ou moins un métier, mais jouer doit être un plaisir, un défi sans cesse renouvelé, aiguisé par le risque. Si on perd cette envie de se mesurer aux autres, c'est comme si on renonçait à se battre, ce qui est le plus sûr chemin vers la défaite.

❖

Un autre aspect de la connaissance de soi joue un rôle essentiel au poker. Au-delà des forces et des limites avec lesquelles tout être humain doit composer, il y a la nécessité de se distancier de soi-même quand on se trouve à une table de poker. Il faut savoir s'élever au-dessus de la mêlée et évaluer son jeu comme s'il était celui de quelqu'un d'autre. Bref, il faut faire preuve de rigueur et d'objectivité.

Il est facile de se bercer d'illusions au poker. Quand on gagne, on a tendance à penser que c'est parce qu'on joue bien, et quand on perd on veut attribuer ses déboires à la malchance. C'est humain. Voilà pourquoi il est essentiel de savoir jauger en toute neutralité – j'irais même jusqu'à dire avec une certaine indifférence – ses adversaires tout autant que sa propre main, mais aussi le niveau de réflexion où le jeu se déroule. Cette capacité d'être et de demeurer perspicace et objectif tout au long d'un match vous aidera à contrôler le jeu au maximum et vous empêchera de devenir la proie des émotions.

Au poker, la main que je détiens n'est pas aussi importante que celle que mes adversaires croient que j'ai. Si je réussis souvent à les leurrer, je gagnerai avec régularité, même si la plupart de mes mains sont objectivement faibles. Le joueur qui se connaît bien réussit à contrôler le jeu à sa table en projetant l'image qu'il souhaite, en maîtrisant la perception que les autres ont de lui. Il s'agit, au fond, de savoir transformer ses faiblesses apparentes en pièges pour ses adversaires.

Si je connais mes forces et mes faiblesses et que je réussis, en prenant du recul, à développer une vision objective de la situation, je peux utiliser mes faiblesses à mon avantage. Par exemple, supposons que je sois plutôt timide quand il s'agit de relancer à la rivière. Je trouve cela trop téméraire et je ne le fais à peu près jamais. Mon adversaire l'a sans doute remarqué et sera tenté d'être plus audacieux que moi à ce stade du jeu. Par contre, comme je sais qu'il a décelé cette tendance dans mon jeu, mes chances de bluffer efficacement sont augmentées car, si je le relance à la rivière, je sèmerai le doute dans son esprit. Il croira probablement que j'ai une main en or et il y a de fortes chances qu'il n'ose pas me défier.

On revient aux niveaux de réflexion dont je parlais dans le chapitre précédent. Aux questions habituelles que je dois me poser (Quel est le jeu de mon adversaire? Qu'est-ce qu'il pense que j'ai? Qu'est-ce qu'il pense que je pense qu'il a?) s'ajoute cette fois une dimension nouvelle: celle où la connaissance de soi m'aide à imposer une image de moi-même à mes adversaires, me permettant ainsi de mieux contrôler le jeu. Mon objectif est de constamment leur donner l'impression qu'ils ont réussi à déceler chez moi un modèle de comportement pour aussitôt agir d'une manière contradictoire. C'est le jeu du chat et de la souris, qui consiste à sans cesse tromper et déstabiliser les adversaires, à les attirer dans un coin pour faire volte-face et réapparaître ailleurs quelques instants plus tard. Ainsi, en demeurant toujours insaisissable, on mine leur confiance et on les déconcentre, ce qui peut les pousser à commettre des erreurs. Pas étonnant que certains disent que le poker est le sport le plus violent qui se joue assis…

La connaissance de moi-même au poker ne se limite donc pas à mes forces et à mes faiblesses. Il faut aussi que je sache les intégrer – tout comme celles de mes adversaires – dans l'évaluation objective et rigoureuse des situations de jeu où je me trouve. Je dois être capable de voir tout cela d'en haut, comme un général qui regarde la bataille se déployer du haut d'un promontoire. Il voit nettement la position de son armée et de celle de l'ennemi ; il est en mesure d'analyser la signification et l'importance de chaque mouvement et d'effectuer les ajustements nécessaires au fur et à mesure que la situation évolue.

Évidemment, nous ne jouons pas aux échecs ni au backgammon. Au poker, on ne peut jamais avoir une vision tout à fait claire de la situation, parce qu'on ne connaît pas les cartes de ses adversaires. Mais le poker consiste précisément à prendre des décisions selon les informations partielles dont on dispose. Si je connais suffisamment mes adversaires, leur degré d'agressivité ou de passivité, leurs habitudes de mise, et que je réussis à bien contrôler ce que je projette à la table, j'ai alors un portrait relativement fidèle de la situation et je suis en mesure de tirer le meilleur parti possible des informations dont je dispose. Cela ne marche pas à tout coup, bien entendu, mais, à la longue, je réaliserai des gains.

« Qui connaît l'autre et se connaît lui-même peut livrer cent batailles sans jamais être en péril », écrivait Sun Tzu dans *L'Art de la guerre*. Cette phrase pourrait être mise en exergue à n'importe quel traité sur l'art du poker.

❖

Il existe toutes sortes de manières d'améliorer la connaissance de soi au poker. La première, qui devrait être la règle de quiconque désire progresser dans n'importe quel domaine de la vie, consiste à prendre conscience de ses comportements et de ses erreurs pour en tirer les leçons. De la même façon que les entraîneurs de hockey et de basketball utilisent la vidéo pour montrer leurs faiblesses à leurs joueurs, celui qui veut devenir un meilleur joueur de poker doit prendre la peine d'analyser ses matchs. En ce qui me concerne, j'y consacre au moins une heure par jour. Comme j'ai eu l'occasion de l'expliquer dans un chapitre précédent, si vous jouez sur Internet, vous pouvez vous procurer des logiciels qui gardent en mémoire l'historique de vos mains. Plusieurs peuvent produire une analyse de chacune d'elles. Ce sont des outils extrêmement utiles, en particulier pour les joueurs débutants et intermédiaires qui ont du mal à identifier précisément leurs faiblesses.

Une autre façon assez efficace d'apprendre à évaluer et à améliorer ses capacités d'adaptation à diverses situations, c'est de jouer, de temps à autre, à une autre variante du poker, différente de celle à laquelle on est habitué. Par exemple, si comme moi votre spécialité est le Texas hold'em – variante la plus populaire actuellement –, vous devriez vous adonner à l'occasion au poker Omaha, au poker Stud à sept cartes, ou encore au bon vieux poker classique à cinq cartes cachées. Cela vous ouvrira de nouvelles perspectives, donnera à votre jeu une souplesse supplémentaire, stimulera votre créativité et ajoutera de nouvelles armes à votre arsenal stratégique. De toute manière, si vous envisagez de tirer un jour des revenus du poker, il sera beaucoup plus rentable pour vous d'en connaître toutes les variantes. Ainsi, vous ne serez pas limité à une seule d'entre elles lors des tournois des Séries mondiales, par exemple. Vous élargirez donc vos possibilités de gain.

Enfin, il n'est pas mauvais non plus de jouer avec des enjeux minimes ou sans enjeu du tout – c'est très facile de le faire en ligne –, pour tenter des expériences et mettre à l'épreuve de nouvelles stratégies. Vous expérimenterez probablement des situations inhabituelles et vous verrez si elles vous réussissent ou non, et, surtout, comment vous vous comportez dans ces circonstances. Voilà une autre façon d'apprendre à mieux connaître le joueur de poker que vous êtes... ou que vous pourriez devenir.

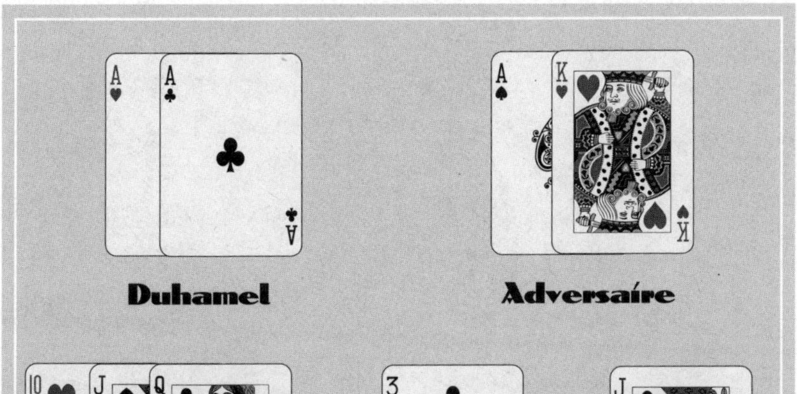

Avant les Séries mondiales de poker 2010, je jouais la plupart du temps en ligne, surtout des parties à l'argent. Habituellement, je jouais simultanément sur dix tables de hold'em sans limites, 2-4 et 5-10 sur PokerStars.

Après avoir perdu quelques mains en peu de temps, comme cela arrive souvent, je n'étais pas pour autant ébranlé et j'estimais jouer mon meilleur poker, sans commettre d'erreurs. Vient alors cette gigantesque main, qui me permet d'espérer récupérer toutes mes pertes de la journée d'un seul coup.

Mon adversaire et moi disposons tous deux d'un énorme tapis. Je considère ce joueur comme faible, très faible même. En fait, il est carrément à mes yeux ce qu'on appelle communément un «poisson». J'ai en main A-A et je ne peux donc espérer un meilleur scénario lorsqu'il relance. Je relance à mon tour et à mon grand plaisir il fait une relance supplémentaire. Cette agressivité n'est pas commune chez lui. Disposerait-il vraiment d'une forte main? Peut-être, mais sûrement pas plus forte que la mienne.

Comme nos tapis sont profonds, je crois que si je relance une fois de plus, il ne pourra pas se coucher. Je relance donc, mais, encore à mon grand étonnement, il relance à son tour. Je pousse mon tapis de quatre caves totales, soit 4000$ sur une table de 5-10. Il appelle instantanément et montre A-K non assortis. J'ai alors exactement 93,47% de chances de remporter la main, soit l'une des meilleures avances possibles avant le flop, toutes mains confondues.

Le flop 10♥-J♠-Q♣ lui donne une suite. Difficile d'imaginer pire scénario. Il passe d'outsider à favori avec 91,67% de chances de remporter la main, et c'est ce qui se passe au bout du compte.

Normalement, avec un joueur aussi faible disposant de tant d'argent, je serais certainement resté afin de profiter de cette table attrayante. Je contrôle très bien mes émotions, mais cette fois le *tilt* s'est emparé de moi, ce qui pouvait signifier de lourdes pertes additionnelles. Heureusement, j'ai eu la lucidité de reconnaître l'état dans lequel je me trouvais. C'est cette connaissance de moi-même qui m'a poussé à quitter la table, à éteindre l'ordinateur et à passer à autre chose pour le reste de la journée. Je suis convaincu que, si j'avais continué à jouer dans l'état où j'étais, j'aurais probablement perdu encore plus d'argent. En un sens, c'est moi qui serais devenu le poisson.

CHAPITRE 10

Le désir de vaincre

« Il est rare que ce soit l'agneau qui mène le boucher à l'abattoir. »
AMARILLO SLIM

Depuis que j'ai remporté l'événement principal des Séries mondiales de poker en novembre 2010, les gens me parlent plus souvent des 8,9 millions de dollars que j'ai encaissés que de la victoire elle-même. Je comprends qu'il s'agit là d'un montant que la plupart des gens ne toucheront jamais au cours de leur vie, mais je demeure quand même toujours un peu perplexe à l'égard de ces réflexions sur l'argent. Car, à mes yeux, le fait d'avoir eu le dessus sur plus de 7300 joueurs inscrits au tournoi de poker le plus prestigieux de la planète et d'avoir été sacré champion du monde est infiniment plus significatif que n'importe quelle somme d'argent qui s'y rattache.

Certes, je suis bien content d'avoir gagné tant d'argent, mais pour moi il s'agit à la fois d'une rétribution pour un travail extrêmement ardu et le témoignage qu'en 2010 j'ai été le vainqueur des Séries mondiales de poker en réussissant à battre les meilleurs joueurs au monde.

❖

Si vous croyez que l'appât du gain est la principale motivation des professionnels du poker, vous vous trompez lourdement. Aucun des grands joueurs que je connais sur les circuits américain et européen ne s'est lancé dans cette carrière pour gagner de l'argent. D'ailleurs, ceux qui s'engagent dans cet univers extrêmement compétitif strictement pour s'enrichir ne réussissent en général qu'à s'appauvrir. Le poker n'est pas une affaire de comptabilité. L'argent est accessoire, même si, paradoxalement, c'est par l'ampleur de leurs gains pécuniaires qu'on mesure la performance des joueurs professionnels. Ce qui compte avant tout, c'est de gagner, d'accumuler les bracelets WSOP et de figurer parmi les meilleurs.

Encore une fois, l'analogie avec le sport professionnel est tout à fait pertinente. Bien sûr, les sportifs professionnels désirent être payés au juste prix du marché, mais je pense que la grande majorité d'entre eux sacrifieraient volontiers une partie de leur salaire pour voir leur nom inscrit sur la coupe Stanley, sur le trophée des Séries mondiales de baseball ou sur celui du British Open de golf.

On ne va pas bien loin sans un très fort désir de vaincre, que ce soit au poker ou dans n'importe quelle autre compétition. C'est ce qui distingue les grands joueurs des joueurs ordinaires et c'est souvent ce qui leur permet de remporter les matchs cruciaux. Pensons simplement à ces athlètes légendaires – Maurice Richard, Reggie Jackson, Tiger Woods, etc. – qui élevaient leur jeu de quelques crans en séries éliminatoires ou dans les tournois importants. Ce sont les personnes motivées qui se démarquent des autres. C'est la soif de la victoire qui donne aux meilleurs ce supplément d'énergie et de concentration qui fait la différence.

Qu'est-ce que le désir de vaincre ? C'est une disposition d'esprit à la limite de l'obsession, par laquelle tout votre être est tendu vers un seul objectif : la victoire. Pas l'argent, ni les honneurs, ni le désir de reconnaissance. Il n'y a rien d'autre qui compte que de gagner, purement et simplement. Celui qui est animé du désir de vaincre est carrément en état de guerre. Les autres joueurs autour de la table sont des ennemis à écraser et il n'a pas l'intention de s'embarrasser de prisonniers sur la route de son triomphe. Il ne craint rien ni personne, il est sans pitié, il est prêt à tout. Ne nous y trompons pas : le désir de vaincre, c'est le summum de l'égoïsme. C'est le moment où le Dr Jekyll se transforme en M. Hyde.

La plupart des gens que je connais sur le circuit professionnel de poker sont de bonnes personnes, des gens très sympathiques avec qui j'entretiens d'excellentes relations. Beaucoup œuvrent d'ailleurs pour des associations caritatives auxquelles ils croient profondément. Je viens d'ailleurs moi-même de me joindre à l'organisme One Drop afin d'augmenter la conscientisation sur l'importance d'un accès global à l'eau potable, ainsi que de son partage équitable à travers la planète. Mais, quand ils s'assoient à la table d'un tournoi des Séries mondiales, la charité n'est plus à l'ordre du jour. Ils se transforment en machines à gagner. On les distingue facilement dans les tournois, en particulier les plus importants. Ce sont ceux qui se soucient de leurs gains pécuniaires comme de leur première carie. Tout ce qu'ils veulent, c'est remporter la victoire.

À un certain point des tournois, généralement à mi-chemin de la compétition, les joueurs qui n'ont pas été éliminés sont assurés de toucher de l'argent. Ils sont sur la bulle, comme on dit dans le jargon du poker. C'est juste avant ce moment que beaucoup d'entre eux préféreront jouer avec prudence afin de préserver leurs chances de gains. Ils joueront beaucoup moins de mains, deviendront moins agressifs, miseront peu et renonceront à relancer sur de grosses mises. Bref, ces gens-là ne jouent pas pour augmenter le nombre de leurs jetons, de manière à participer à la table finale, mais plutôt pour finir dans les petites positions et mettre de l'argent dans leurs poches. Il est extrêmement rare que ces joueurs remportent des tournois. La raison en est bien simple : pour gagner, pour arriver au bout de ses rêves, il faut savoir prendre des risques. Il faut même être prêt à tout perdre sur une seule main, si le jeu en vaut la chandelle. C'est ce que les vrais gagnants n'hésitent pas à faire, même si les risques qu'ils prennent sont soigneusement calculés.

Cela dit, contrairement à ce que bien des gens pourraient croire, le désir de vaincre n'est pas une émotion à laquelle on peut donner libre cours inconsidérément. Bien au contraire. C'est plutôt un état d'esprit qui exige une parfaite maîtrise de soi-même et une concentration à toute épreuve. Je dirais même que l'intensité du désir de victoire est généralement comparable à une espèce de flamme intérieure qui ravive l'ensemble des qualités et des habiletés nécessaires pour hausser son niveau de jeu.

Selon Jonathan

« Pour moi, le désir de vaincre est cette qualité partagée par tous les gagnants, indépendamment de la discipline. On ne gagne pas sans que chacune des cellules de son corps l'ait d'abord ardemment désiré. »

Au poker, comme dans toutes les situations de compétition, le désir de vaincre se traduit par une agressivité constante, peu importe les circonstances. On dit parfois qu'il ne faut pas frapper un homme qui gît par terre. Désolé pour les âmes sensibles, mais ce principe de gentilhomme ne s'applique pas au poker. Quand un adversaire est sur le point d'expirer, il faut l'achever, sinon il pourrait se relever et revenir vous voler tous vos jetons par la suite. Le désir de vaincre exige que je sois impitoyable, d'autant plus que je sais très bien que mes adversaires ne feront pas de quartier eux non plus. C'est chacun pour soi et cela ne peut pas être autrement.

Cet instinct du tueur n'est pas toujours facile à entretenir, surtout quand vous gagnez beaucoup pendant une partie à l'argent. Pour avoir souvent joué entre amis, je sais qu'il est facile de redevenir le bon gars qu'on est généralement dans la vie quand on connaît une bonne soirée. On baisse la garde imperceptiblement, on devient graduellement moins agressif, on se soucie moins de la taille de son tapis. C'est comme si une petite voix vous soufflait que vous avez assez gagné et qu'il est temps de laisser la chance aux autres. Inévitablement – à moins d'avoir une succession de très bonnes mains –, vous commencez alors à perdre régulièrement. Quand la flamme du désir de vaincre commence à vaciller ainsi, c'est qu'il est temps de quitter la table.

❖

Évidemment, les joueurs professionnels sont rarement sujets à ces accès plus ou moins conscients de générosité envers leurs adversaires, mais ils ne sont pas à l'abri d'une baisse marquée de leur soif de victoire. Au début d'un tournoi important, en particulier lors de l'événement principal des Séries mondiales de poker, vous pouvez être certain que la plupart des participants sont gonflés à bloc. Leur désir de jouer et de vaincre est à son maximum. Toutefois, pour la plupart d'entre eux, cette obsession de la victoire s'émoussera à divers degrés à mesure que la compétition progressera, et pour toutes sortes de raisons.

Dans tous les sports professionnels, le désir de vaincre doit se déployer sur une période relativement courte. En général, un match de hockey dure de deux heures et demie à trois heures (en comptant les arrêts de jeu et les deux pauses) ; un match de baseball, environ trois heures ; et un parcours de golf, à peu près quatre heures. Pour un tournoi de poker, on parle d'une compétition qui s'étire sur plusieurs journées d'une dizaine d'heures, souvent davantage. Il n'est pas facile de maintenir l'intensité de la flamme pendant une si longue période. Tous les joueurs auront inévitablement des hauts et des bas et devront faire des efforts pour entretenir le désir de gagner.

La raison la plus fréquente de cette baisse d'intensité est sûrement la fatigue qui demeure, de loin, le pire ennemi du joueur de poker qui participe à un tournoi. La fatigue affaiblit les facultés, en particulier la capacité de concentration et la maîtrise de ses émotions. Il est donc essentiel de se préparer à un tournoi longtemps à l'avance, pour que le corps résiste à ces longues heures d'effort.

Le désir de vaincre peut aussi être affecté par le *tilt*, cette émotion insidieuse plus ou moins prolongée de mauvaises mains que tous les joueurs, même les meilleurs, expérimentent un jour ou l'autre. La première victime du *tilt* est la confiance en soi, et, quand on commence à douter, il est bien difficile de maintenir cette soif de victoire qui mène aux plus hauts sommets. On est abattu, parfois affolé ; le jugement est altéré et la concentration s'en ressent. Il est donc beaucoup plus ardu de rester discipliné et de prendre les bonnes décisions.

Par ailleurs, certains joueurs – souvent ceux qui ont déjà remporté les Séries mondiales ou d'autres grands tournois – deviennent plus ou moins blasés, un peu comme si le fait d'avoir gagné une fois leur suffisait et qu'ils n'avaient plus rien à prouver. Ils jouent alors un peu comme des robots, faisant montre d'une technique impeccable et déployant tous les trucs du joueur aguerri, mais sans la flamme indispensable pour gagner.

Quand le désir de vaincre vous quitte ainsi en plein milieu d'un tournoi – peu importe les raisons –, il est difficile de le retrouver, d'autant que vous n'avez pas beaucoup de temps pour y parvenir. Vous voyez vos jetons disparaître et vous songez avant tout à stopper l'hémorragie. Quand on est au bord de l'élimination, comme ce fut mon cas au deuxième tour de l'événement principal des Séries mondiales de 2011, quelques semaines à peine avant la publication de ce livre, la soif de victoire est considérablement altérée. On est alors dans une situation où la victoire finale devient un objectif lointain, un chemin sur lequel se dressent beaucoup d'obstacles. On est en mode survie et on doit procéder par étapes. Dans ces conditions, on perd le contrôle de son jeu et on est forcé de prendre des risques fous en jouant le tout pour le tout, un peu comme une équipe de baseball qui perd par trois points en fin de neuvième manche, avec deux retraits et sans coureur sur les buts.

❖

Que les résultats ou la fatigue altèrent votre désir de vaincre au cours d'un tournoi, c'est une chose. Mais il y a pire : c'est quand vous devenez une sorte de fonctionnaire du poker et que vous cessez d'être animé par la soif de la victoire.

Quand le poker est votre occupation principale ou que vous en tirez une partie importante de vos revenus, il devient très difficile d'entretenir le désir de vaincre, car la nécessité de gagner de l'argent prend le pas sur la volonté de gagner. Autrement dit, la victoire cesse d'être un objectif absolu, écartée par le besoin d'obtenir un retour sur investissement. Si, par exemple, le droit de participation à un tournoi est de 5 000 dollars, vous chercherez d'abord à combler ce débours et ensuite à réaliser des profits avant de songer à la victoire et aux honneurs.

Il s'agit là d'un phénomène assez normal. Quand le poker devient un gagne-pain ou un métier, des raisonnements comptables entrent en ligne de compte et détournent la passion originelle. La motivation financière devient plus importante que tout le reste et le jeu devient plus routinier. En un sens, il n'y a rien de mal à cela. Chacun fait ses choix dans la vie. Mais, la réalité, c'est que, à ce stade, quand le jeu devient essentiellement technique et mécanique, les gains diminuent. Inconsciemment, le joueur qui est motivé surtout par l'espoir du gain financier s'en remettra principalement à ses capacités techniques. Il réduira ses efforts, verra son intérêt pour le jeu diminuer en même temps que sa volonté de s'améliorer et son désir de vaincre. Il perdra aussi le plaisir de jouer, tout comme le désir de se réinventer, d'explorer sa créativité et de trouver des façons inédites de parvenir à la victoire.

On ne peut pas jouer son meilleur poker si on n'éprouve pas cette passion de gagner et de devenir meilleur, cette fébrilité des débuts, alors que les enjeux pécuniaires étaient à peu près inexistants.

Paradoxalement, et peu importe le montant des mises dans une partie de poker, il faut savoir rester, jusqu'à un certain point, indifférent aux sommes en jeu. Car, sans des nerfs d'acier, le poker devient un jeu très difficile.

CHAPITRE 11

Des nerfs d'acier

« Sans prise de risques, il n'y a pas de vrai jeu d'argent. Pour gagner au plus haut niveau, il faut se mettre en danger. Il faut être prêt à saigner. Il faut se placer dos au mur. Sinon, on ne donnera jamais le meilleur de soi-même. »
DOYLE BRUNSON

Lorsque je m'assois à une table de poker, que ce soit en tournoi ou dans une partie à l'argent sans limites, je sais que mes nerfs seront mis à rude épreuve. Parole-relance, jeu lent, tapis, relances démesurées – tout cela finit par affecter énormément les émotions, dans un contexte où la concentration, la discipline, la maîtrise de soi et le bon jugement sont absolument indispensables.

Je l'ai déjà dit : le poker est, à bien des égards, une guerre des nerfs. Chacun essaie de taper sur ceux de ses adversaires, de les faire craquer, de semer le doute, la confusion et la peur dans leur esprit – peur de perdre, d'avoir l'air ridicule, de passer pour un peureux qui s'effondre dès que la température monte, de ne pas avoir su lire un bluff et, surtout, de perdre une somme monumentale ou d'être éliminé d'un tournoi.

Si je détiens une petite paire et qu'un joueur mise le dixième de mon tapis, il est facile pour moi de suivre. Je n'ai pas beaucoup à perdre. Mais si sa mise équivaut à 90 % de mes jetons, c'est une tout autre histoire.

Tous les joueurs aguerris connaissent ces situations où l'adrénaline coule à flot. Votre adversaire vient de mettre en jeu son tapis et vous devez prendre une décision qui engage un montant d'argent impressionnant ou même votre survie dans un tournoi. Le rythme cardiaque s'accélère, une légère oppression vous serre la poitrine et les premiers signes de transpiration apparaissent – qu'il faut savoir contrôler pour ne pas trahir son angoisse. Puis les scénarios s'entrechoquent dans votre esprit, les meilleurs comme les pires. Suivent ensuite les questions : Qu'est-ce qu'il a dans les mains ? Bluffe-t-il ? Quelles sont les cartes qui me permettraient de gagner cette main ?

Plus on progresse dans l'univers du poker, plus ce genre de scène risque de se produire. Plus les mises sont élevées, plus les bourses et les gains le sont aussi. Cela signifie que je gagne de gros pots, mais que j'en perds aussi de très gros. Si je n'accepte pas de perdre des sommes considérables, alors il est peu probable que je remporte de grosses mains. C'est logique. Si je ne suis pas disposé à prendre des risques, je perdrai moins d'argent et de jetons, mais mes gains seront à l'avenant. Cette approche peut toujours fonctionner dans des parties à l'argent, mais jamais en tournoi, où les joueurs qui possèdent le plus de jetons peuvent éliminer en une seule main celui qui en a moins. Comme le dit une vieille maxime du poker, « on ne gagne pas de tournoi en se couchant ».

La réalité, c'est que je ne peux pas gagner gros sans risquer gros... Mais, chaque fois que je joue gros, mes nerfs doivent en payer le prix.

❖

Pour expliquer ce que je veux dire par là, je vais vous raconter l'histoire d'une main, l'une des plus controversées du tournoi, qui fut capitale dans ma victoire lors de l'événement principal des Séries mondiales de poker de 2010[9].

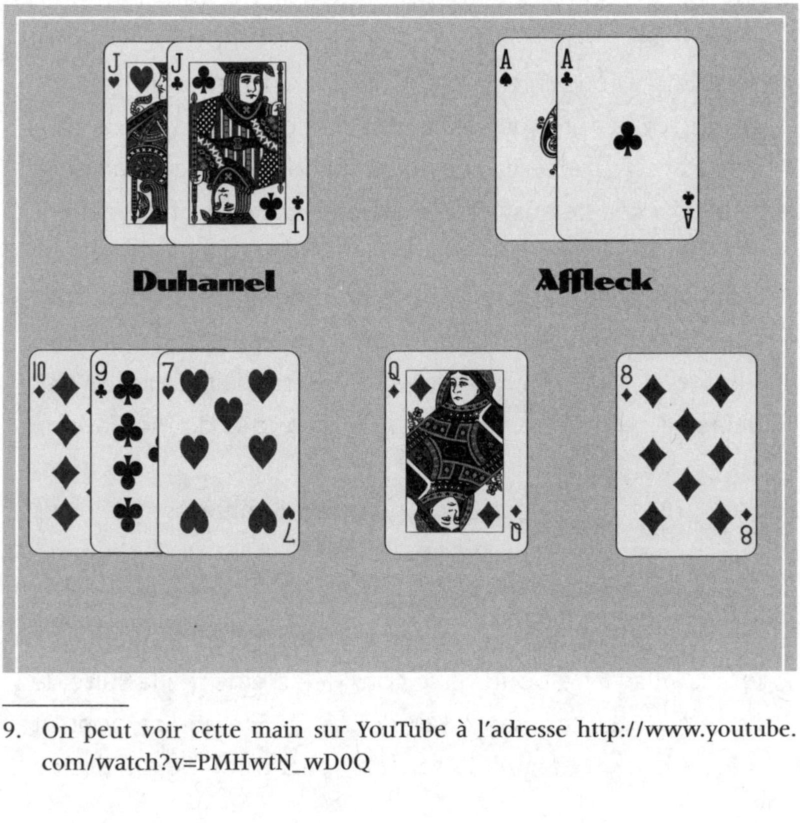

9. On peut voir cette main sur YouTube à l'adresse http://www.youtube.com/watch?v=PMHwtN_wD0Q

Il ne restait plus alors que 15 joueurs répartis sur deux tables. À ce moment, j'étais en deuxième place pour le nombre de jetons et Matt Affleck – un joueur de grand talent qui montre des statistiques impressionnantes malgré son jeune âge – était troisième. À la distribution des cartes cachées, je me retrouve avec J♥-J♣, une excellente main. De son côté, Matt avait encore mieux : A♠-A♣. Bien sûr, nous ignorions tous deux ce que l'autre avait dans sa manche. Avec chacun deux fortes paires, nous étions donc dans une situation où les mises étaient susceptibles d'être très élevées et où l'un des deux joueurs risquait d'être dépouillé d'une bonne partie de ses jetons. Les chances étaient contre moi, puisque, avant même la distribution des autres cartes, la paire d'as de mon adversaire était favorite à 81%.

Premier à parler avant le flop et confiant dans ma paire de valets, j'avais misé 575 000 jetons. Affleck avait relancé de 1550 000. Après que les autres participants se furent couchés, j'avais relancé de près de 4 millions. Affleck avait suivi sans relancer. Les cartes qui étaient sorties au flop étaient 10♦-9♣-7♥. À ce stade, même si je ne croyais pas que Matt avait une meilleure main que la mienne, cela demeurait quand même une possibilité à mes yeux, parce qu'il démontrait de la force. Pour cette raison, je souhaitais que le pot demeure petit. Mais, en réalité, la paire d'as de mon adversaire était favorite à 73%.

Après le flop, Affleck avait misé 5 millions de jetons et j'avais suivi, ce qui portait le pot à 18 450 000. Ça commençait à devenir vraiment sérieux et il était évident, à ce moment-là, que le classement des joueurs, quant aux jetons, allait être bouleversé considérablement à la suite de cette main. Le tournant avait donné Q♦, ce qui me donnait maintenant un tirage à la suite, en plus d'une possibilité de brelan toujours existante. J'avais désormais une suite 9-10-J-Q; donc, 8, J et Q me faisaient gagner. Pendant tout ce temps, je demeurais toutefois convaincu que mon adversaire ne possédait pas une aussi bonne main que ce qu'il avait en réalité. Deux paires, 10 et 9 peut-être, mais sûrement pas une paire d'as.

C'est alors qu'Affleck avait misé son tapis pour un total de 11,6 millions de jetons. S'il remportait cette main, il passait au premier rang pour le nombre de jetons, avec une avance énorme. S'il perdait, il rentrait chez lui à Seattle avec un peu plus de 500 000 dollars en poche.

J'avais une décision extrêmement difficile à prendre et j'avais mis beaucoup de temps à l'annoncer – un gros cinq minutes qui m'avait paru une éternité. Les cartes qui me sauvaient étaient: J (il en restait deux), 8 (il en restait quatre) et K (il en restait quatre). En tout, 10 cartes sur les 44 qui restaient dans le jeu, soit une cote du pot d'un peu plus de 20%. Autre élément de réflexion qu'il me fallait prendre en compte: je devais investir 11 millions de jetons pour un gain possible de 30 millions, soit du trois pour un, et une avance colossale sur mes adversaires pour le nombre de jetons, si je remportais le pot. Ce qui avait aussi beaucoup pesé dans ma décision était le fait que, si je perdais cette main, il me restait quand même quelques millions de jetons, même si de toute évidence cette perte m'aurait énormément affaibli. Enfin – il n'est pas inutile de le répéter –, il y avait toujours une possibilité que Matt bluffe.

Au bout de cette interminable et difficile réflexion, à la lumière des éléments que je viens de mentionner, j'avais donc jugé que, compte tenu des risques, le jeu en valait la chandelle. J'avais suivi.

Quand nous avons retourné nos cartes, juste avant la rivière, et que j'ai aperçu la paire d'as de mon adversaire, je ne donnais pas très cher de ma peau. J'étais quasiment certain de perdre cette main. Puis le miracle s'est produit : 8♦ est tombé sur la table et j'avais une suite à la Q qui battait sa paire d'as. Je venais de remporter un pot de 41710000 jetons et je passais en tête par une très forte marge.

Après avoir perdu cette main, Matt Affleck faisait pitié à voir : il était aussi sonné qu'un boxeur qui vient d'encaisser un solide crochet au visage. Il cachait ses yeux derrière sa casquette de PokerStars.net, tentant sans doute de masquer ses larmes. Il avait salué rapidement Joseph Cheong avant de quitter la salle, suivi d'une caméra d'ESPN, désemparé et incrédule. Au bout de quelques minutes, il s'était ressaisi et était revenu dans la salle pour dire au revoir à ses adversaires.

❖

L'épisode que je viens de raconter aurait tout aussi bien pu illustrer un chapitre sur la chance, l'intuition, la capacité de trancher, ou même la prudence. Si je l'ai retenu ici, c'est parce qu'il montre très bien la tension parfois insoutenable que peuvent générer ces situations où les enjeux sont énormes et que, en plus, il n'y a pas de lendemain. Si je l'ai choisi pour illustrer la nécessité d'avoir des nerfs d'acier au poker – cela dit sans minimiser la part de chance dans cette main –, c'est aussi parce qu'il me paraît plein d'enseignements pour quiconque veut progresser dans la hiérarchie du poker.

La première leçon à tirer de cette séquence, c'est que ces situations où les nerfs sont à vif exigent, plus qu'en toute autre circonstance, que les qualités de discipline, de maîtrise de soi et de concentration soient bien aiguisées. Autrement

En direction du centre de congrès de l'hôtel Rio, à l'aube de la table finale de l'événement principal des Séries mondiales de poker 2010.

La famille de Jonathan en première ligne, avec les nombreux partisans venus du Québec afin d'encourager leur favori.

Ci-haut : L'imposant groupe de partisans qui apportent leur appui au Québécois.

Ci-contre : Dan Harrington et Erik Seidel sont intronisés au panthéon du poker.

Ci-haut : Jonathan Duhamel à son arrivée à la table de jeu du duel final, au rythme de la chanson *I'm Shipping Up to Boston* des Dropkick Murphys.

Ci-contre : C'est le début de l'affrontement au terme duquel sera sacré le nouveau champion du monde !

Ils ne sont plus que deux. Jonathan Duhamel
en duel final contre John Racener.

John Racener est all-in pour une première
fois, donnant la première chance réelle de
victoire au Québécois. Cette fois ne sera
toutefois pas la bonne…

Lors de la table finale, la pression monte, mais Jonathan Duhamel est en pleine possession de ses moyens.

Ci-haut : Sur l'écran géant fixé au-dessus de la table de jeu, le flop de la main ultime du tournoi est sur le point d'être révélé.

La tension est à son comble, alors que Jonathan est à une seule carte de devenir champion du monde.

La victoire est acquise, un bonheur partagé avec les partisans !

Chris « Jesus » Ferguson félicite Jonathan Duhamel pour sa victoire.

Le champion du monde de 2009, Joe Cada, remet le bracelet de champion à Jonathan.

Jonathan Duhamel, un champion comblé, entouré d'une horde de partisans enthousiastes.

Le butin du gagnant.

Le champion du monde de 2010, lors du dévoilement de sa bannière géante aux Séries mondiales de 2011.

dit, c'est quand on a des décisions difficiles à prendre qu'il est encore plus important de garder sa tête solidement plantée sur ses épaules et de réfléchir avec logique et clarté. On ne choisit ni le moment ni les circonstances où l'on est mis au défi; il faut y répondre, tout simplement. L'ampleur de l'enjeu est déterminante, c'est certain, mais ce n'est pas elle qui doit prendre le pas sur l'analyse.

Deuxièmement, comme je l'ai signalé plus haut, ce sont généralement les situations les plus risquées, celles où l'on pourrait tout perdre sur une seule décision, qui sont susceptibles d'être les plus payantes. Cette main avec Matt Affleck aurait pu être très coûteuse pour moi et s'est avérée désastreuse pour lui, mais ce sont des mains comme celles-là qui finissent par faire la différence dans l'issue d'un tournoi. Il faut en gagner quelques-unes de ce genre pour remporter les Séries mondiales de poker.

Troisièmement, quand on est engagé dans une séquence de mises et de relances, il faut aller jusqu'au bout ou ne pas commencer. Quand Affleck a poussé son tapis au tournant, j'avais déjà misé une dizaine de millions de jetons sur cette main. Si je m'étais couché à ce moment-là, je lui en aurais fait cadeau, tout simplement. J'aurais abandonné la partie, qui plus est avec une très bonne main, en éprouvant la très forte impression que mon adversaire bluffait. Si le montant de mon investissement avait été la seule considération et que j'avais eu le sentiment que j'étais battu, je me serais sans aucun doute couché. Mais, quand j'ai investi 5 millions de jetons après le flop, j'avais déjà décidé – eu égard à la carte suivante, bien sûr – que j'allais suivre la mise de 11 millions au tournant.

J'ajouterais enfin qu'au poker il n'y a pas de place pour les regrets. Une fois qu'on a pris une décision en toute logique, à la lumière des données dont on dispose, il faut vivre avec. Si on s'apitoie sur son sort, on risque de tomber rapidement en *tilt* et de compromettre ses chances – si minces soient-elles – pour le reste du tournoi. La perte d'une grosse main est évidemment coûteuse la plupart du temps, mais il ne faut surtout pas empirer les choses en se laissant dominer par ses émotions au cours des mains suivantes. Par exemple, si j'avais perdu cette main contre Matt Affleck, mon tapis aurait fondu à environ 8 millions de jetons. Ma marge de manœuvre s'en serait trouvée extrêmement réduite, mais je serais quand même demeuré dans le coup. Ma position aurait été précaire, mais j'aurais tout de même eu la chance de me reprendre.

Cela dit, et pour conclure sur cette main, je suis bien conscient que la marge était mince entre suivre et ne pas suivre, après qu'Affleck eut fait tapis. Encore aujourd'hui, même si les choses ont bien tourné pour moi, je ne suis pas certain que j'agirais de la même façon dans les mêmes circonstances. Même si ma décision était fondée sur la logique, je n'étais pas serein ni confiant pour autant. En fait, je m'appuyais sur la prémisse que mon adversaire n'avait pas une main aussi forte qu'il voulait bien le faire croire, mais on ne peut jamais être tout à fait certain de cela. C'est la nature même du poker et personne n'y échappe.

Même si je comprends toutefois qu'on puisse remettre en question le bien-fondé de ma décision sur ce jeu, une chose est certaine : Affleck, pour sa part, a très bien joué tout au long de cette main, réussissant à faire monter les enchères avant et après le flop et faisant tapis au bon moment, parvenant ainsi à construire son attaque exactement comme s'il s'était agi d'un bluff. La preuve, c'est que j'ai toujours cru qu'il bluffait. Avec une paire d'as dans sa manche, il se devait de tout miser, parce qu'il était largement favori. S'il a perdu, ce n'est pas à cause d'une erreur de sa part; c'est simplement parce que le poker est un jeu de cartes où il faut admettre que le hasard a le dernier mot.

❖

Les situations comme celle que je viens de décrire – quand on est mis au pied du mur par un adversaire – se présentent plus fréquemment dans les dernières heures d'un tournoi, lorsqu'il ne reste plus beaucoup de joueurs, lors de la table finale ou peu avant. Il y a un vieil adage qui dit que c'est à la fin de la soirée qu'on reconnaît les meilleurs danseurs. Je crois que cela s'applique pleinement aux tournois de poker. À ce moment, les tapis sont beaucoup plus gros et la tentation est forte de vouloir éliminer ceux qui ont moins de jetons car, chaque fois qu'un joueur disparaît, ceux qui restent voient augmenter non seulement leur bourse, mais aussi leurs chances de remporter le tournoi. Mais ce sont là des situations qui peuvent se retourner contre l'agresseur. La nécessité d'avoir des nerfs d'acier ne s'applique pas seulement à celui qui est agressé; elle s'applique aussi à l'agresseur.

Depuis le début de ce chapitre, il est question d'affronter une situation où un adversaire vous défie et met vos nerfs à l'épreuve. Mais l'inverse est tout aussi générateur de stress. Si je crois que j'ai de très bonnes chances de faire mal à un joueur, en le forçant à mettre en jeu les jetons qui lui restent ou une partie importante de son tapis, je dois envisager sérieusement la manœuvre, tout en pesant soigneusement le bien-fondé d'un tel geste. L'agressivité est généralement payante au poker. Mais cela exige des nerfs d'acier. Si j'attaque de front mon adversaire, je dois me poser les mêmes questions que s'il m'attaquait.

Toutefois, ce qu'il faut éviter dans de telles circonstances, c'est de jouer le matamore et de faire monter les enjeux strictement pour des raisons d'ego, pour faire peur à son adversaire ou épater la galerie. Le processus des mises et des relances destiné à faire monter les enchères, en particulier dans les moments stratégiques, en fin de tournoi, ne s'improvise pas. Le joueur doit tenir compte d'une foule de données, qu'il s'agisse des probabilités mathématiques, du style des adversaires ou du résultat des mains précédentes. Ce processus doit s'inscrire dans une stratégie bien établie et se déployer au bon moment.

Comme le disait le président américain Harry Truman: « Si vous trouvez qu'il fait trop chaud dans la cuisine, restez au salon. » Pour jouer au poker de haut niveau, il faut vraiment pouvoir supporter la chaleur intense.

CHAPITRE 12

La prudence

« On démontre sa supériorité au poker par les mains qu'on couche, pas par celles qu'on joue. »
DAN REED

Il paraîtra quelque peu contradictoire à certains que je classe la prudence parmi les qualités essentielles du bon joueur de poker, moi qui suis reconnu comme étant un joueur plutôt agressif à la table. Pourtant, il est clair dans mon esprit qu'on ne peut pas gagner régulièrement au poker sans une certaine dose de retenue, sans peser soigneusement chacune de ses décisions à la lumière de toutes les informations dont on dispose. Agressif, oui ; téméraire, non. C'est une question d'équilibre.

Le joueur qui s'inscrit à un tournoi en s'imaginant qu'il s'en va là pour donner un spectacle et qu'il battra tout le monde en se concentrant uniquement sur l'attaque risque d'être cruellement déçu. Le poker demeure un jeu de cartes et il faut savoir – comme je l'ai déjà souligné à quelques reprises dans ce livre – que les professionnels ne jouent en moyenne qu'une main sur quatre. C'est la preuve qu'au poker de haut niveau on ne mise pas à tort et à travers et que tout le monde sait qu'un minimum de prudence s'impose. On ne va pas à la guerre avec un tire-pois.

Lors de l'événement principal des Séries mondiales de poker 2010, j'ai été à la table de jeu pendant 10 jours, dont 9 de plus de 12 heures ou plus. Dans ces conditions, on n'a pas le choix : on doit faire preuve de prudence et de patience de temps à autre, surtout en fin de journée, quand le sommeil et la fatigue sont susceptibles d'affecter le jugement. Dans un tournoi de Texas hold'em sans limites, à tout moment on a la possibilité de mettre en jeu tous ses jetons. C'est un risque énorme et une seule erreur peut être fatale. En tournoi sans limites, un joueur a toujours une épée de Damoclès suspendue au-dessus de sa tête.

Il est vrai que l'agressivité est l'une des clés de la réussite au poker, dans la mesure où elle place souvent mes adversaires en déséquilibre et les force à commettre des erreurs. Je place une grosse mise ou je relance fortement et tout de suite je jette le doute dans leur esprit. Celui qui a une bonne main va suivre, sans doute, et celui qui a une main faible se couchera. Celui qui a une main moyenne (disons une petite paire ou Q et 10, par exemple) hésitera, car je lui demande alors de faire un investissement supérieur à ce qu'il aurait voulu. Selon qu'il pense que j'ai vraiment une très bonne main ou que je bluffe, il se couchera ou suivra. S'il se trompe, il en paiera le prix. Par ailleurs, celui qui se couche verra peut-être tomber dans le flop, le tournant ou la rivière des cartes qui, au bout du compte, lui auraient fait remporter la main s'il avait suivi.

L'un des aspects essentiels du poker consiste à faire payer à ses adversaires le prix fort pour les erreurs qu'ils commettent. Il s'agit non seulement de leur faire perdre des jetons s'ils suivent, mais aussi de les priver de la possibilité d'un gain important en les forçant à se coucher plus qu'ils le souhaiteraient. Mais cette médaille a un revers. Si je fais preuve d'un excès d'agressivité – si je fais des mises ou des relances fortes avec des cartes faibles –, je risque alors de me faire prendre à mon propre jeu. Si je bluffe avant le flop avec, disons, un 2 et un 8 non assortis et que mon adversaire dispose d'un as et d'un roi, il est certain qu'il suivra. Dans de telles circonstances, il y a de fortes chances que je me retrouve avec une main perdante à la rivière ou même avant. Voilà un cas où j'aurais manqué de prudence.

Par ailleurs, certains joueurs se font une spécialité de profiter du manque de prudence de leurs adversaires. Par exemple, si j'affronte un joueur particulièrement agressif, il se peut que j'y voie une occasion de le priver de la valeur qu'il espère retirer de son audace en répondant de manière passive à ses attaques, c'est-à-dire en ne faisant qu'appeler ses mises plutôt que de le relancer. Du même coup, non seulement je minimise ses gains potentiels, mais je suis aussi susceptible de gagner sur lui quelques mains supplémentaires que son excès d'agressivité lui aura coûtées. C'est ce qu'on appelle, dans le jargon du poker, le *slow play*, ou « jeu lent ».

Entendons-nous : au poker, il est beaucoup plus important d'être agressif que prudent. Mais, si je manque de prudence, je risque de perdre d'un coup tout ce que mon agressivité a pu me faire gagner. Il ne faut pas confondre agressivité et frivolité. Si j'attaque, il faut que je sache protéger mes arrières. Si je bluffe avec une main faible, je dois connaître suffisamment mes adversaires pour être à peu près certain qu'ils demeureront passifs face à mon assaut. Inversement, si j'ai une bonne main et que je souhaite qu'ils suivent ou même qu'ils me relancent, je dois m'assurer de le faire de façon à tirer de cette main le gain maximal. Sinon, je risque de perdre beaucoup.

Ce qu'il faut souligner aussi, c'est qu'il en va du poker comme de tous les sports : le joueur ou l'équipe qui domine en fin de match sera beaucoup plus prudent et prendra donc moins de risques que le joueur ou l'équipe qui est en déficit. Lorsque Phil Mickelson mène par trois coups en dernière ronde du Tournoi des Maîtres avec cinq trous à jouer, il n'essayera pas de battre le record de longueur de ses coups de départ. Il s'élancera probablement du tertre avec un bois 3 en main et tentera avant tout d'éviter les erreurs. Par contre, si les Canadiens sont menés par deux buts en seconde moitié de troisième période, ils pousseront la machine, quitte à négliger leur défense. C'est la même chose dans un tournoi de poker. Quand je suis arrivé à la table finale de l'événement principal des Séries mondiales de 2010, j'étais le leader en jetons et je n'avais pas avantage à multiplier les risques. Je me devais d'être prudent.

❖

Si la plupart des bons joueurs de poker observent des règles de prudence minimale, ce qui caractérise toutefois les débutants est une prudence extrême.

La plupart des gens qui commencent à jouer au poker un peu plus sérieusement, c'est-à-dire avec des enjeux pécuniaires significatifs, font généralement preuve d'un excès de prudence à cause essentiellement de la peur de perdre de grosses sommes. Ce réflexe est bien compréhensible : la prudence est une façon de compenser le manque d'expérience et de capacité à bien lire le jeu et les potentialités des cartes. Il est important, durant cette phase d'apprentissage, de sélectionner avec soin ses mains de départ pour limiter son agressivité à ces forts jeux. Car, si en plus de manquer d'expérience vous allez au front avec de mauvaises cartes, vous courez tout droit à la catastrophe. Surtout si vous faites l'erreur de jouer pour de gros enjeux. Il est donc préférable, au cours de cette phase, de jouer pour de faibles montants ou même en ligne avec de l'argent fictif. Vous jouerez ainsi autant de mains que vous le voudrez, sans risquer de perdre votre chemise. C'est la façon la moins coûteuse d'acquérir de l'expérience et de devenir meilleur.

Mais il faut bien garder à l'esprit que, si l'on veut progresser, l'approche prudente ne peut être que temporaire.

Je me souviens des premiers tournois auxquels j'ai participé à Montréal et dont le coût d'inscription était de 200 dollars. Je venais d'avoir 18 ans et mes ressources financières étaient évidemment limitées. Même si j'avais acquis de l'expérience en jouant beaucoup en ligne, j'étais tout de même très nerveux et extrêmement prudent. Dans ces tournois, je ne prenais pas toujours les risques nécessaires et je couchais plusieurs mains sur lesquelles je n'hésiterais pas à miser aujourd'hui. Comme beaucoup de joueurs débutants, je passais à côté d'occasions mathématiquement positives de remporter des mains intéressantes. Je bluffais très peu et la peur m'empêchait de bien mesurer le potentiel de certaines mains. Je ne prenais donc pas les moyens nécessaires pour maximiser mes gains, ce qui demeure un objectif fondamental au poker.

À plus forte raison, vous pouvez vous imaginer comment je me sentais, en octobre 2008, la première fois que j'ai participé à un tournoi dont le coût d'inscription était de... 10 000 dollars. Il s'agissait de l'événement principal du World Poker Tour à Niagara Falls, en Ontario. Non seulement l'investissement était colossal à mes yeux, mais en plus je m'étais mesuré à des légendes du poker international, dont Daniel Negreanu, Gus Hansen, Erik Seidel et Barry Greenstein, pour ne nommer que ceux-là. J'étais incroyablement stressé. La peur de perdre m'avait, cette fois également, rendu beaucoup trop prudent. Comme je ne prenais pas assez de risques, je ne jouais pas de façon optimale. Il va sans dire que, dans ces conditions, j'étais rentré bredouille.

À la longue, l'expérience aidant, on apprend non seulement à jouer plus logiquement, mais aussi à gérer la peur et à prendre des risques calculés, à jouer en fin de compte de manière plus équilibrée. Aujourd'hui, que ce soit en tournoi ou dans des parties à l'argent, je réussis facilement à oublier pour combien je joue. Je ne suis plus aux prises avec cet excès de prudence dont il faut absolument se débarrasser si l'on veut progresser dans le monde du poker, à mesure que les enjeux deviennent importants.

Ainsi, au début de janvier 2011, peu après ma victoire aux Séries mondiales de poker 2010, j'ai participé à un tournoi dont le coût d'inscription était de 100 000 dollars. C'était à l'occasion du PokerStars Caribbean Adventure, aux Bahamas. Guy Laliberté et moi étions les seuls Québécois parmi les 38 joueurs inscrits. Je n'avais pas très bien réussi, mais je m'étais quand même montré très agressif. On m'objectera que, après avoir remporté presque 9 millions de dollars deux mois auparavant, je n'avais pas beaucoup de mérite à oublier les sommes en jeu. À cela, je répondrai qu'un gain de cette ampleur ne fait pas oublier la valeur de l'argent. Le fils de la classe moyenne que je suis, qui a toujours travaillé pour gagner son argent de poche, sait encore parfaitement ce que valent 100 000 dollars. Quand je les ai investis lors de ce tournoi, c'était pour les faire fructifier, pas pour les jeter par la fenêtre.

Si, au bout d'un certain temps, la peur de perdre continue de vous hanter au point de vous rendre prudent à l'excès et de vous empêcher de prendre des risques et certaines initiatives, alors il y a de fortes chances que vous ne soyez pas fait pour le poker de haut calibre. Car, au fond, du moins jusqu'à un certain point, l'excès de prudence est assimilable à un manque de confiance en soi et à une difficulté à maîtriser ses émotions. Si vous misez peu, relancez rarement et ne bluffez à peu près jamais – en bref, si vous êtes trop prudent –, c'est parce que la peur réduit votre capacité de bien lire le jeu, de penser clairement et de prendre les bonnes décisions.

Chez les professionnels du poker, très peu de joueurs sont reconnus pour leur prudence à la table, pour la bonne raison qu'il est à peu près impossible de gagner à long terme si on ne fait pas preuve d'un minimum d'agressivité. En fait, il y a peut-être une exception qui confirme cette règle : Dan Harrington, ce grand théoricien du poker, dont les livres m'ont énormément appris et qui a remporté l'événement principal des Séries mondiales de poker en 1995. À 66 ans, on le voit désormais moins souvent dans les grands tournois, mais c'est toujours un joueur extrêmement serré, très sélectif sur ses mains de départ. En fait, il est tellement prudent – du moins par comparaison avec les autres joueurs professionnels – que, par dérision, on le surnomme « Action Dan ».

Duhamel **Adversaire**

L'événement principal des Séries mondiales de poker est un marathon, pas un sprint. Vers la fin du jour 2, j'ai fait face à une situation où la prudence était de mise.

Très actif tout au long de la journée, j'avais été le joueur le plus agressif de ma table. Je relance 10♥ 8♥ du *high* jack, soit deux positions à droite du bouton. Le *big blind* défend et nous sommes deux à voir le flop, qui donne J♥ 6♣ 2♥; ♥ m'apportant le tirage à la couleur. Mon adversaire fait parole.

Agressif et avec un bon tirage, je ne rate pas cette occasion et lance évidemment une forte mise: 65% du pot. Mon adversaire appelle.

Le tournant est K♦ et il fait parole de nouveau. Je pourrais faire la même chose et prendre la carte gratuite dans l'espoir de compléter la couleur, mais le roi est une bonne carte pour bluffer et entre dans mon éventail logique de mains. Il devra y penser à deux fois s'il n'a qu'une paire de valets et que je mise fortement. Il ne peut écarter la possibilité que, si je mise au tournant, il est probable que je fasse de même à la rivière. Je mise donc encore environ 65% du pot. Il réfléchit un instant et appelle.

La rivière apporte un 3♥ et, à ma grande surprise, mon adversaire mise pratiquement la valeur du pot. Je viens pourtant de compléter mon tirage et avec mon approche agressive, d'aucuns auraient pu penser que j'allais en profiter pour pousser mon tapis. Par contre, un bluff de sa part – compte tenu de la façon dont la main s'est jouée et de mon approche agressive tout au long de la journée – m'apparaît peu probable. Donc, malgré la force apparente de ma main, je décide de simplement appeler. Sage décision: il tourne A♥ Q♥ pour un tirage supérieur à la couleur! Il remporte la main, mais je ne peux pas être vraiment déçu, car ma prudence bien inspirée m'a permis de m'en tirer avec une perte minimale.

❖

Dans ce chapitre, j'ai évoqué la prudence comme stratégie dans le cadre d'un match ou d'un tournoi de poker et j'ai tenté d'expliquer les situations où elle est de mise et celles où, selon moi, il faut faire preuve de plus d'audace. Je voudrais maintenant profiter de l'occasion – sans vouloir faire la morale à personne – pour aborder la question plus globale de la prudence par rapport au jeu lui-même.

J'adore le poker. J'éprouve une véritable passion pour ce jeu. J'aime son aspect compétitif et stratégique, les émotions qu'il me fait vivre et les occasions qu'il m'a données jusqu'à maintenant de voyager partout dans le monde et de rencontrer des gens intéressants. L'objectif de ce livre est précisément de démontrer son côté rationnel et logique et de permettre aux lecteurs de déterminer s'ils ont les dispositions permettant d'y réaliser régulièrement des gains.

Je me considère extrêmement privilégié non seulement d'aimer le poker, mais aussi d'être doué de la plupart des qualités nécessaires pour y connaître du succès. Or, malgré ses éléments mathématiques et stratégiques, en plus des possibilités de gain qu'il offre, le poker demeure un jeu de hasard qui comporte des risques de dépendance et peut détruire des vies, comme l'alcool ou les drogues. La dépendance au jeu est un fléau social dont je suis pleinement conscient. Jamais je ne voudrais que ma notoriété et le contenu de ce livre servent de prétexte à qui que ce soit pour se jeter tête baissée dans le poker. Le poker doit rester un jeu, une occasion de plaisir et de détente ; il ne faut pas l'envisager comme une source de gains faciles. Les personnes dépendantes au jeu misent en général uniquement sur la chance. Elles ne peuvent pas gagner à long terme, parce qu'il leur manque au moins deux des qualités essentielles pour avoir du succès au poker : la discipline et la maîtrise de leurs émotions. Si vous avez la lucidité de faire ce constat pour vous-même, fuyez les tables de jeu au plus vite.

Par ailleurs, j'encourage évidemment quiconque se découvre un réel talent pour le poker à développer ses potentialités, mais en sachant toutefois que la route sera longue. L'ascension vers les sommets du poker exige de la patience et de la prudence, en particulier dans le montant des mises. C'est un jeu où il importe de ne pas brûler les étapes.

CHAPITRE 13

L'endurance

« Je défie quiconque de me dire qu'un tournoi comme les Séries mondiales de poker n'exige pas autant, sinon plus, d'endurance physique et mentale que l'athlétisme. »

NOLAN DALLA

Une activité qu'on pratique assis et en bougeant à peine les mains peut sembler tout le contraire d'un sport. Mais, à mes yeux, il n'y a aucun doute possible : le poker est bel et bien un sport. Un sport mental, bien sûr. Un sport qui ne requiert pas d'aptitudes physiques particulières, mais qui exige en revanche un degré d'endurance et de concentration tout aussi important que ce qu'on attend des athlètes professionnels. L'un des plus grands défis de tous les joueurs de poker, du moins en tournoi, consiste à tenir pendant des heures à une table de jeu tout en conservant la maîtrise de toutes ses facultés.

D'ailleurs, il y a des analogies étonnantes à établir entre le sport de haut niveau et le poker. Par exemple, saviez-vous que Doyle Brunson se destinait à une carrière professionnelle au basketball avant qu'une blessure à la jambe mette fin à son rêve ? Que le joueur finlandais Patrik Antonius a aussi dû abandonner son projet de devenir tennisman professionnel en raison d'une blessure ? Que plusieurs joueurs de la Ligue nationale de hockey sont d'excellents joueurs de poker ? Et qu'en Europe, à leur retraite, les vedettes du soccer Tomas Brolin, Vikash Dhorasoo et Tony Cascarino sont devenus des pros du poker ? Même chose pour l'ancien champion de tennis Boris Becker et l'octuple médaillé olympique Michael Phelps.

Un tournoi de poker, en particulier l'événement principal des Séries mondiales, est comparable à un marathon. À raison de séances quotidiennes de plus de 12 heures consécutives – à peine interrompues par de rares pauses –, pendant plusieurs jours de suite, un tournoi de poker exige de la constance, une attention soutenue aux menus détails et une concentration à toute épreuve. On ne peut pas offrir une performance de haut niveau pendant si longtemps sans être en excellente condition physique. Il n'y a aucun doute à mes yeux que, si j'ai remporté les Séries mondiales de poker 2010, ce n'est pas seulement grâce à mon talent et à la chance, mais aussi au fait que mes capacités physiques et mentales étaient au mieux.

Je connais beaucoup de joueurs de poker extrêmement talentueux qui n'ont jamais réussi à passer au niveau supérieur, parce que la fatigue s'empare d'eux au bout de quelques heures à la table et les prive de la concentration nécessaire. C'est à ce moment qu'ils commettent des erreurs fatales, souvent dues à l'inattention. C'est un phénomène courant que beaucoup de joueurs, pourtant, sous-estiment. J'ai vu plusieurs d'entre eux – et plus d'une fois – connaître des séances extrêmement lucratives pendant de longs moments, pour ensuite s'écrouler, perdre ce qu'ils avaient gagné et s'en vouloir de ne pas s'être retirés de la table une petite heure plus tôt. Ce qui m'étonne, encore aujourd'hui, c'est que cette incapacité de détecter la fatigue et de se retirer au bon moment soit si répandue.

Pour ces joueurs qui ne réussissent pas à rester concentrés pendant plus de quelques heures, il n'y a pas cinquante-six solutions. Ils doivent apprendre à reconnaître rapidement les signes de fatigue et acquérir la discipline nécessaire pour se retirer quand il en est encore temps, ou ils doivent améliorer leur endurance pour que le corps et l'esprit gardent le cap plus longtemps.

Évidemment, la première de ces solutions ne s'applique qu'aux parties à l'argent, où l'on est autorisé à quitter la table à n'importe quel moment, qu'on gagne ou qu'on perde. Pour les tournois, c'est une autre histoire. Il ne reste que la seconde option : améliorer sa forme physique afin d'acquérir de l'endurance. Ou abandonner le poker de tournoi.

❖

Il y a dans l'univers du poker de remarquables phénomènes d'endurance. J'en évoquerai deux dans ce chapitre.

Le premier est Viktor Blom, un Suédois de 21 ans qui s'est fait connaître à l'automne 2009 – et de façon spectaculaire –, dans les milieux du poker en ligne, sous le nom d'Isildur1. Sa véritable identité n'a été révélée qu'en janvier 2011, lors du PokerStars Caribbean Adventure – un événement auquel j'ai participé et que j'ai évoqué au chapitre précédent –, peu après qu'il se fut joint à l'équipe de PokerStars.

À l'âge de 18 ans, Blom déposa 2 000 dollars sur un site de poker en ligne et réussit en quelques semaines à accumuler un fonds de roulement de près de 2 millions de dollars en jouant à plusieurs tables simultanément des parties de Texas hold'em, en tête-à-tête, à raison d'une quinzaine d'heures par jour.

C'est en septembre 2009 qu'Isildur1 commence à faire vraiment parler de lui. Inscrit sur un autre site de poker en ligne, il se met à accepter les défis de quiconque désire l'affronter, et pour de très forts enjeux. À la mi-novembre, son fonds de roulement atteint la somme incroyable de 6 millions de dollars, gagnés aux dépens de professionnels reconnus, dont Tom Dwan, Brian Townsend et Cole South. Ensuite, le vent tourne complètement. Isildur1 se mesure à Phil Ivey – considéré par plusieurs comme le meilleur joueur de poker au monde –, aux mains duquel il perd 3,2 millions de dollars en une semaine. Quelques jours plus tard, il perd 3 millions en 24 heures contre Patrik Antonius. Le 8 décembre 2009, il perd 4,2 millions en 5 heures seulement contre Brian Hastings. C'est le record absolu de gains et de pertes en une seule séance dans toute l'histoire du poker en ligne !

En l'espace de quelques semaines, Viktor Blom a donc participé aux dix pots les plus élevés du poker en ligne, vivant du même coup une ascension irrésistible suivie d'une chute vertigineuse. De toute évidence, son style hyperagressif et sa désinvolture complète à l'égard de son fonds de roulement sont à l'origine de cette succession rapide de hauts et de bas. Quant à lui, il attribue ses gains spectaculaires à son endurance, à sa capacité de demeurer concentré pendant des séances de poker qui peuvent durer plus d'une quinzaine d'heures. En ce sens, on peut vraiment dire que c'est un pro de l'endurance. En fait, durant cet automne 2009, quiconque voulait se mesurer à Isildur1, à peu près à n'importe quel moment du jour et de la nuit, pouvait facilement le trouver en ligne. Ce degré d'endurance est d'autant plus remarquable que, lorsqu'il est en ligne, Isildur1 peut jouer jusqu'à six tables simultanément. Si le fait de jouer six tables en même temps est monnaie courante chez les joueurs de poker en ligne, le faire en « face à face », la variante de prédilection de Blom, demande une concentration hors du commun.

Pour certains, Viktor Blom est une espèce de matamore à l'agressivité incontrôlée qui n'ira pas bien loin. Pour d'autres, c'est un génie du poker dont on entendra parler longtemps. Quant à moi, pour avoir eu l'occasion de jouer contre lui en mai 2011, dans le cadre d'un tournoi de l'European Poker Tour à San Remo en Italie, je peux dire que ce n'est vraiment pas un joueur comme les autres. Il joue à peu près toutes les mains, bluffe constamment et mise et relance à fond de train. Mais j'ai été très impressionné par son intelligence, son audace et son ingéniosité à trouver des moyens de gagner. Il est évident qu'il possède l'endurance et bien d'autres qualités nécessaires pour bien performer en tournoi, mais je crois que pour l'instant il lui manque la patience et la prudence minimales qui lui permettraient de se rendre loin dans une compétition à laquelle participent plusieurs milliers de joueurs. Son style convient beaucoup mieux aux parties à l'argent sur Internet.

L'autre joueur remarquable par ses capacités de résistance s'appelle Phil Laak. C'est un Américain né en Irlande, au jeu agressif et imprévisible, qui a remporté un titre et accédé trois fois à une table finale du World Poker Tour. Le 6 juin 2010, au *Bellagio* de Las Vegas, il a battu de 37 heures le record du monde d'endurance au poker, jouant pendant 115 heures consécutives – soit 4 jours et 18 heures. Ce qui est encore plus impressionnant, c'est que Laak a réalisé cet exploit sans jamais recourir à aucune boisson gazeuse, énergétique ou à base de caféine. En prime, il a terminé sa longue séance de Texas hold'em à 10 $/20 $ avec un gain de 6 766 $!

Pour rester éveillé si longtemps, Phil Laak faisait régulièrement des pompes (*push-up*), histoire de se dégourdir. Il avait mis plus de six mois à se préparer, en pratiquant quotidiennement l'exercice physique et en suivant un régime alimentaire à base de glucides à faible indice glycémique. Il avait également perdu une douzaine de kilos.

❖

L'endurance – qu'on peut définir sommairement comme la capacité de résister à la fatigue – n'est pas la même pour tout le monde. Par exemple, ceux qui ont besoin de moins de sommeil que la moyenne sont naturellement plus résistants. L'hérédité est aussi un facteur important, tout comme l'âge. Mais une chose est certaine, comme le démontre l'exemple de Phil Laak : peu importe votre degré naturel d'endurance, il est possible de l'améliorer par de saines habitudes de vie, en particulier par l'exercice physique et une alimentation équilibrée. Le vieil adage « Un esprit sain dans un corps sain » ne saurait mieux s'appliquer.

L'univers du poker a longtemps été associé, dans l'imagination populaire, à des salles enfumées fréquentées par des personnages douteux, où l'alcool coule à flot dans une atmosphère plus ou moins violente et où la moindre contrariété peut dégénérer en bagarre. Cela a peut-être été vrai à une certaine époque, mais je peux affirmer que cette image ne correspond plus à la réalité. Les meilleurs joueurs de poker au monde – en particulier ceux de la nouvelle génération – mènent une vie plutôt rangée et accordent une grande attention à leur forme physique, qui est d'ailleurs étroitement liée à leur force mentale et à leur acuité intellectuelle.

Aujourd'hui, s'il veut performer et progresser, le joueur de poker de haut niveau sait que le talent ne suffit pas. En fait, il n'a pas le choix : il doit traiter son corps comme s'il était un sportif professionnel. C'est notamment le cas de Daniel Negreanu, qui joue fréquemment au golf, s'adonne quotidiennement à l'exercice physique, pratique le yoga. Végétarien, il ne touche pas à l'alcool à l'approche d'un tournoi important. Ce n'est pas le seul exemple. Ancien champion de tennis junior dans son Danemark natal, Gus Hansen joue aussi au golf, au squash et au soccer. Le Finlandais Patrik Antonius, l'un des meilleurs joueurs en ligne de la planète, est un autre ancien athlète qui prend au sérieux sa condition physique et la considère comme un atout pour conserver des nerfs d'acier et demeurer concentré pendant de longues périodes.

Bien sûr, certains recourent à des méthodes moins saines. La consommation excessive de caféine est fréquente. Toutefois, si je peux parler de mes propres constatations, l'usage de drogues stimulantes n'est heureusement pas très répandu dans le monde du poker.

En ce qui me concerne, j'attache une grande importance à ma condition physique. Lorsque je suis chez moi à Boucherville, je joue régulièrement au hockey l'hiver, et au soccer, au volley-ball et au golf l'été. Quand je suis en tournoi à l'extérieur, je fréquente autant que possible la piscine de l'hôtel où je fais des longueurs. Quand la distance est raisonnable, je me fais aussi un devoir de franchir à pied le trajet de l'hôtel au casino.

Quant à mon hygiène de vie, je ne fume pas, bien entendu, je bois très modérément et je ne consomme pas du tout d'alcool avant et pendant les tournois. J'essaie aussi de bien me nourrir en toutes circonstances. J'évite en particulier les viandes rouges la journée d'un tournoi et je privilégie le poulet, le poisson, les fruits et légumes. Je bois de moins en moins de café et de plus en plus de thé vert. Surtout durant les tournois, j'essaie de prendre un petit déjeuner équilibré et de manger légèrement le reste de la journée, à raison de plusieurs petites collations qui me permettent de tenir la faim en laisse sans trop me remplir l'estomac. Le sommeil à des heures régulières est aussi très important pour moi, surtout pendant les tournois. C'est une condition essentielle pour demeurer éveillé et en bonne forme physique pendant une longue journée de travail. Cela peut sembler beaucoup, mais, pour jouer chaque jour au poker pendant 12 heures, parfois 7 jours sur 7, il est primordial d'avoir de bonnes habitudes comme celles-là.

À l'occasion des Séries mondiales 2010, j'ai pu me féliciter d'avoir travaillé sans relâche au maintien de saines habitudes de vie.

Lors du jour 8 de l'événement principal, aux petites heures du matin, il ne restait plus que 10 participants – donc un seul joueur à éliminer avant de connaître la composition de la table finale. Le jeu était au ralenti : personne ne voulait être éliminé en 10e position et rater ce qu'on appelle le *November Nine.* Les choses se sont poursuivies ainsi jusqu'à 6 heures du matin. Cela faisait 17 heures consécutives de poker et tout le monde était épuisé. Peu de joueurs relançaient et personne ne prenait de grands risques. En ce qui me concerne, toutefois, je ne voulais pas me laisser dominer par la fatigue et je voulais profiter de la passivité des autres joueurs. Après avoir refait le plein avec une barre énergétique, je multipliais les relances main après main, prenant ainsi avantage de la situation. Pour moi, il était très important de faire preuve d'une endurance à toute épreuve et de continuer à mettre de la pression sur les autres joueurs. À la fin de la journée, mon tapis était passé de 40 à 66 millions de jetons, sans que je participe jamais à de gros pots. En jouant de nombreuses mains marginales, aussi faibles que J-3, 8-2 et 4-5, que je n'hésitais pas à relancer avant le flop, je devais faire preuve d'un maximum de concentration pour ne pas commettre d'erreurs et me piéger moi-même.

Le fait d'être mieux préparé – donc plus endurant – me conférait un avantage sur certains adversaires alors complètement épuisés. Relancer presque à chaque main m'a permis d'augmenter mon tapis sans courir trop de risques, et cela m'a certainement permis de me présenter à la table finale avec un avantage considérable en jetons.

❖

Il existe une foule de méthodes et d'activités qui aident à maintenir une bonne hygiène de vie. Chacun réussit à trouver celles qui lui conviennent le mieux, mais une chose est certaine : l'exercice physique, des heures de sommeil suffisantes et régulières, l'alimentation et le contrôle du poids demeurent des atouts essentiels pour bien performer au poker comme dans n'importe quel autre sport. D'abord, l'exercice régulier favorise la circulation sanguine et amène plus d'oxygène au cerveau, en plus d'optimiser les performances et de réduire le stress. Quant à l'alimentation, on sait, aujourd'hui plus que jamais, qu'elle est le carburant du corps et qu'elle a un effet déterminant sur le métabolisme et l'endurance.

Évidemment, le fait de voyager constamment de ville en ville pour participer à des tournois – comme je l'ai beaucoup fait au cours de la dernière année – ne favorise pas toujours un mode de vie sain. La vie d'hôtel, les longues journées à la table de jeu, les repas au restaurant et les distractions diverses peuvent facilement détourner le joueur de poker de ses bonnes habitudes. De plus, une ville comme Las Vegas, où se tiennent beaucoup de tournois de poker importants, n'est pas un environnement idéal. Le glamour, les spectacles, le jet-set et l'omniprésence de l'argent proposent une foule de tentations. Il faut résister au chant des sirènes. Cela exige une motivation et une discipline à toute épreuve. Mais c'est la condition essentielle pour maintenir de façon constante un degré élevé de performance.

CHAPITRE 14
La créativité

« L'imagination est plus importante que le savoir. »
ALBERT EINSTEIN

C'est une chose bien connue depuis que Darwin a formulé sa théorie de l'évolution : les espèces qui ne s'adaptent pas sont condamnées à disparaître. Cela vaut pour tous les domaines de la vie. Combien d'entreprises apparemment solides sont disparues au cours des cinquante dernières années ? Combien de techniques longtemps éprouvées ne sont plus utilisées ? Combien d'objets courants de la vie quotidienne d'antan se retrouvent aujourd'hui dans des greniers poussiéreux ou dans des musées ? On n'a pas assez de ses dix doigts pour compter le nombre de produits et de techniques qui font partie maintenant de notre vie de tous les jours et qui n'existaient pas il y a à peine vingt-cinq ans.

Peu importe le domaine – sport, affaires, arts, etc. –, il y a des époques où l'on privilégie certaines façons de fairc les choses. Les habitudes s'installent. Confortables et sécurisantes, elles n'exigent pas vraiment d'effort. Puis, tout à coup, quelqu'un fait les choses autrement et a du succès. Et ce qui était parole d'Évangile devient rapidement dépassé.

Quand on stagne, on régresse. Tout évolue et c'est tout aussi vrai dans le domaine sportif. À intervalles réguliers, des joueurs talentueux et particulièrement créatifs révolutionnent leur sport et le font passer à un autre niveau, forçant leurs adversaires à s'adapter et à devenir meilleurs. Au hockey, pensons à Bernard Geoffrion avec le lancer frappé. Au soccer, à Zinedine Zidane avec sa maîtrise exceptionnelle du ballon. Au basketball, à Michael Jordan avec ses mouvements aériens qui désarçonnaient les défenses adverses.

❖

Ce phénomène de créativité est particulièrement répandu à l'heure actuelle dans le monde du poker, et c'est loin d'être un hasard. La raison en est qu'il n'y a jamais eu tant de joueurs de talent sur la planète. Comme je l'ai déjà expliqué, le poker en ligne a non seulement fait exploser le nombre de joueurs, mais il leur a aussi permis – par le jeu à plusieurs tables à la fois – de jouer en quelques mois le nombre de mains que leurs devanciers ont mis toute une vie à accumuler. C'est pourquoi on trouve aujourd'hui des joueurs qui, à peine au début de la vingtaine, possèdent une expérience comparable à un Phil Hellmuth ou même à un Doyle Brunson.

Qui plus est, ces jeunes formés sur Internet ont un sens aigu de l'innovation et de la créativité qui fait souvent défaut à beaucoup de joueurs plus âgés et expérimentés, qui ont tendance avec le temps à jouer de façon plus routinière, selon des normes établies. Ces derniers finissent par se satisfaire de cet état de chose – dans la mesure où ils continuent de gagner –, mais, du même coup, ils perdent une bonne partie de leur motivation, de leur passion et de leur désir de vaincre. Par contre les jeunes joueurs sont ouverts, ont une immense soif d'apprendre et de gagner. Ils découvrent des manières inédites de jouer des mains et de bâtir des bluffs, déconcertant leurs adversaires et les plaçant constamment en déséquilibre. Ils les forcent ainsi à s'adapter à leur style, à sortir des sentiers battus et à développer à leur tour de nouvelles façons de gagner des mains.

J'ai évoqué au chapitre précédent l'incroyable phénomène qu'est Viktor Blom, un pur produit du poker en ligne. Arrivé de nulle part sur les sites à la fin de 2009, à l'âge de 19 ans, ce Suédois est le joueur qui a le plus influencé l'univers du poker ces deux dernières années. Ce qui le distingue, c'est son agressivité et son audace apparemment sans bornes qui le rendent très difficile à lire. Mais il ne suffit pas d'être agressif pour gagner régulièrement au poker. Il faut avoir joué contre Blom pour comprendre qu'il est doué d'une intelligence supérieure. Sa grande force, malgré son agressivité constante et débridée, c'est son imprévisibilité et sa capacité de profiter de la moindre faiblesse de ses adversaires. Son style est unique. Il prend presque toujours l'initiative et force ceux qui se mesurent à lui à jouer sur la défensive et à s'adapter à son jeu.

L'Américain Tom Dwan – lui et Viktor Blom ont d'ailleurs eu des affrontements épiques – en est un autre qui représente très bien cette nouvelle garde de joueurs issus du poker en ligne. Faisant preuve lui aussi d'une agressivité monumentale, il a dominé les meilleurs joueurs de la planète pendant plusieurs mois à des tables en ligne, avec des *blinds* aussi élevées que 500 $/1 000 $, remportant plusieurs millions de dollars avant qu'ils commencent à s'adapter à son style. Doué d'une incroyable capacité de lire ses adversaires, il les pousse constamment dans leurs derniers retranchements et il est très difficile à bluffer.

❖

Quand je suis à une table de poker, en ligne ou en tournoi, mon objectif n'est pas tant de gagner plus de mains que d'aller chercher le plus d'argent ou de jetons possible dans les tapis de mes adversaires. Pour y parvenir, je dois constamment brouiller les pistes et déstabiliser les joueurs en faisant des gestes auxquels ils ne s'attendent pas. Par exemple, si je mise toujours la même somme avec le même type de main, je deviendrai rapidement prévisible. Mes adversaires devineront facilement quelles cartes j'ai en main et je serai incapable de maximiser mes gains. De la même façon, si mes bluffs sont toujours bâtis de la même manière, au bout d'un certain temps plus personne ne mordra à l'hameçon. Voilà pourquoi il importe de varier ses stratégies, de se réinventer constamment au cours d'une partie ou d'un tournoi, de façon à devenir opaque aux yeux des autres joueurs, pour qu'ils ne puissent jamais avoir une idée claire des cartes qu'on a en main.

Il est évident que la créativité au poker ne s'acquiert pas d'emblée. Il faut d'abord comprendre le jeu et bien le maîtriser avant d'être en mesure d'évaluer les options et de faire les choix les plus judicieux. Avant de peindre *Guernica*, Picasso a d'abord appris à dessiner. Avant de composer *Yesterday*, Paul McCartney a d'abord appris à jouer de la guitare et d'autres instruments de musique. Lorsque vous aurez acquis les connaissances de base, lu des ouvrages spécialisés et joué des milliers de mains, vous finirez par reconnaître rapidement les occasions de faire preuve de créativité. Chaque chose en son temps, il ne faut pas sauter les étapes.

Une fois que j'ai acquis les connaissances et l'expérience nécessaires, comment puis-je faire pour déployer ma créativité au poker? En exerçant un choix parmi toutes les possibilités, pour atteindre l'objectif que je me suis fixé sur telle main. En principe, les choix sont limités: je fais parole, je mise ou je me couche. Si l'un de mes adversaires mise à son tour, je peux relancer. Déjà, je peux faire des choix, déployer une stratégie. Les options sont beaucoup plus nombreuses qu'il n'y paraît et c'est largement dans l'ampleur des mises et des relances que s'exerce la créativité, d'autant plus qu'au Texas hold'em sans limites, tout est possible, de la mise minimale à la totalité du tapis. Quelle que soit la somme que je mise, mes adversaires en chercheront la signification. Ils poseront des hypothèses. Ils présumeront que le montant de ma mise reflète la valeur de mes cartes. Ou ils douteront carrément, selon le comportement que j'aurai montré auparavant à la table.

C'est lorsque vient le temps de parler qu'il faut avoir l'esprit suffisamment ouvert pour imaginer des options susceptibles de confondre et de dérouter les adversaires. La variation du montant des mises et des relances est un excellent moyen d'exercer sa créativité. Plusieurs critères sont susceptibles d'influencer ce type de décision: la taille du pot, celle des *blinds*, le rapport entre ma mise et mon tapis et celui de mon adversaire, les considérations à l'égard du tapis qu'il me restera éventuellement et de la mise future que cela laisse présager, et bien d'autres choses encore. Mon adversaire tient compte de tous ces facteurs pour comprendre mon objectif, afin de tenter à son tour de mettre en pièces ma propre stratégie. En jouant avec ces éléments de manière à troubler sa réflexion, je tente de me placer en position de supériorité. Ainsi, mes adversaires auront beaucoup de mal à me lire et ne sauront jamais sur quel pied danser quand viendra mon tour de parler.

Bien sûr, il y a des risques à agir ainsi : perdre beaucoup quand je fais de grosses mises ; et ne pas maximiser mes gains quand je fais une petite mise. Mais, à long terme, c'est une stratégie profitable, parce qu'elle a pour effet de déséquilibrer mes adversaires en jetant le doute dans leur esprit.

❖

Il m'arrive de temps à autre de regarder sur YouTube des vidéos très divertissantes où Phil Hellmuth perd une grosse main contre un de ces jeunes loups dont je parlais plus haut. À 47 ans, Phil est une légende du poker. Il détient le record du nombre de bracelets WSOP remportés (11) et celui des présences en table finale (43). De plus, il figure au troisième rang sur la liste des joueurs ayant accumulé les gains les plus importants à vie. Il est aussi connu sous le sobriquet de Poker Brat (le sale gosse du poker) en raison de son mauvais caractère. Souvent, quand il perd un gros pot contre un jeune joueur, il l'abreuve d'insultes en le traitant d'idiot et en lui disant qu'il ne sait pas jouer, qu'il n'aurait jamais dû miser tel montant avec les cartes qu'il avait, qu'à la façon dont il joue il n'ira pas bien loin dans le monde du poker, etc. Bien sûr, il joue la comédie et cherche sans doute à intimider ces joueurs qui ont beaucoup moins d'expérience que lui. Mais les propos qu'il tient dans de telles circonstances rappellent justement que, même si ces joueurs n'ont pas

« joué selon le livre », ils ont quand même remporté une grosse main. Il est certain qu'une main ne veut pas dire grand-chose dans un tournoi, mais, ce qu'il faut retenir, c'est que ces jeunes font preuve de créativité en inventant des façons nouvelles de gagner un gros pot.

Cela dit, l'expérience reste un atout très précieux au poker. Il suffit d'observer des joueurs comme Doyle Brunson, Johnny Chan et Phil Hellmuth pour s'en convaincre. Le problème, c'est que les habitudes finissent par s'installer : les choses deviennent plus mécaniques et il n'y a plus vraiment de place pour la créativité. Remarquez que ce phénomène n'est pas nécessairement exclusif à la vieille garde ; on l'observe aussi chez beaucoup de jeunes joueurs. Mais, en général, ces derniers sont souvent plus motivés et créatifs. Ils sont moins attachés à ce qui chez d'autres fait office de règle immuable, ce qui leur permet d'être plus ouverts à des réflexions inédites qui mènent parfois à des concepts originaux et plus efficaces. Ainsi, c'est souvent de la nouvelle génération qu'émanent les innovations majeures au poker. Cela n'empêche pas les plus expérimentés de s'adapter et de se renouveler à partir de ces nouvelles tendances, mais il est plus rare qu'ils en soient les initiateurs.

Contrairement à ce que bien des gens pensent, il n'existe pas de stratégie foncièrement meilleure que les autres au poker. Bien sûr, il y a des joueurs agressifs, d'autres plus timides, etc., un peu comme aux échecs ou au backgammon, mais chacun possède son style propre, ses manières bien à lui de déployer son artillerie et de choisir les moments où il le fait. Au poker, la stratégie doit être essentiellement basée sur le comportement de mes adversaires, et c'est aussi à ce niveau que la créativité entre en jeu. Leur niveau de jeu et de réflexion, leur degré d'agressivité, leurs séquences de mises, la taille de leur tapis, les divers signes que je perçois dans leur langage corporel – tout cela entre en ligne de compte dans ma façon de concevoir ma stratégie, dans la fréquence et l'ampleur de mes mises et de mes relances, et dans les moments que je choisis pour recourir au bluff.

La victoire au poker est un long chemin sinueux où les obstacles et les occasions de gain ne sont pas toujours où on le croit. À part quelques règles de base, il n'y a pas de recette infaillible. La seule véritable formule gagnante, en fait, consiste à réussir à faire croire au joueur qui est en face de moi que ma main est meilleure que la sienne, dans certaines circonstances, et, dans d'autres circonstances, à l'inciter à miser beaucoup en lui donnant l'impression qu'il a de bonnes chances de me battre. Les moyens d'y parvenir sont multiples et leur efficacité dépend évidemment des cartes que j'ai en main, mais aussi, dans une large mesure, de ma capacité de bien lire mon adversaire.

Une main qui illustre bien l'avantage d'avoir recours à la créativité s'est produite lors du tournoi High Roller de l'European Poker Tour à Deauville, que j'ai remporté en janvier 2011. Au milieu de la première journée de compétition, je me trouve sur le gros *blind* avec A♦4♦. L'adversaire, un des meilleurs à la table, relance du bouton. Je décide de suivre pour voir le flop.

Ce dernier révèle K♦Q♠7♦. Je ne veux pas jouer un gros pot hors position contre lui, donc je fais parole. Il mise la moitié du pot et j'appelle, car je présume qu'il a un K ou une Q et je ne pense pas qu'une relance le fera se coucher.

Le tournant, 3♦, complète mon tirage. Dans une telle situation, la plupart des joueurs feraient parole en espérant aller chercher au moins une autre mise. Je veux toutefois être imprévisible et, selon moi, comme il a souvent un K ou une Q, il ne se couchera pas si je mise. Je pense aussi que la force de ma main sera moins évidente si je mise plutôt que faire parole pour ensuite relancer. Je mise donc à mon tour environ 50 % du pot et il appelle plutôt rapidement.

La rivière donne 2♣, ce qui ne devrait rien changer à la hiérarchie des mains. À ce moment, compte tenu de la rapidité avec laquelle mon adversaire a appelé au tournant, je présume qu'il a une main assez forte. La grande majorité des joueurs ne prendraient aucun risque et miseraient, de peur que l'autre fasse parole à son tour, leur faisant rater ainsi une salve de valeur. Par contre, avec la rapidité de son appel au tournant, il se peut qu'il ait une très bonne main et qu'il s'estime en avance si je fais parole. J'opte donc pour la créativité avec un jeu très peu orthodoxe, en faisant parole à la rivière. Cette stratégie porte ses fruits, car mon adversaire mise. Je joue un peu la comédie et finis par pousser mon tapis complet, ce qui semble le dérouter. Après plusieurs minutes de réflexion, incapable de me placer correctement sur une main, il décide d'appeler avec K-J, ne pensant pas que ma ligne soit logique pour une couleur frappée. Il a bien raison ! La ligne n'était justement pas logique et c'est ce qui m'a permis de me doubler sur cette main.

❖

Le poker est un jeu de dupes où, à chaque nouvelle main, je dois trouver des façons de mener mes adversaires en bateau. Parfois, c'est en feignant la force ; d'autres fois, c'est en ayant l'air moins sûr de moi ; d'autres fois, c'est même en acceptant de perdre une petite ou une moyenne main pour lancer un faux message dans l'espoir de gagner un plus gros pot plus tard.

Le joueur routinier devient souvent robotique, dépourvu de toute créativité. Il joue un poker machinal qui lui rapportera un taux de gain x sur une période y. Ce joueur n'est toutefois pas un champion qui, afin d'optimiser chacune des situations dans lesquelles il se trouve, sait mettre sa créativité en jeu et constamment redéfinir ses stratégies. La créativité exige beaucoup d'ouverture d'esprit, de vivacité intellectuelle et d'efforts constants, mais c'est une qualité nécessaire pour s'illustrer aux plus hauts échelons du poker. En déployant une capacité créative permettant des jeux « hors normes » – mais qui néanmoins restent logiques –, le champion se réinvente constamment. Ses adversaires le savent dangereux, mais ont beaucoup de difficulté à cerner les motivations de tel ou tel geste.

La créativité au poker n'est pas une chose qui s'enseigne. Elle vient avec une certaine expérience. Ce qui importe, lorsque vient pour moi le temps de prendre une décision, c'est d'envisager toutes les possibilités et non pas de rejeter d'emblée une option parce qu'elle ne figure pas dans le « livre ». Au poker, il n'y a pas de système de jeu supérieur, seulement des perspectives de gain fondées avant tout sur ma capacité de manipuler mes adversaires. Si je trouve le bon moyen pour le faire, alors tout devient possible.

CHAPITRE 15

L'intuition

« Pratiquez, pratiquez, pratiquez et écoutez cette petite voix. Quand vous éprouvez la vague impression que lancer vos jetons dans le pot ne donnera rien de bon, faites-lui confiance. »

ARTHUR S. REBER

Depuis le début de cet ouvrage, je tente d'expliquer au lecteur que le poker est avant tout une affaire de logique et de décisions soigneusement pesées à l'aune de la raison, d'où toute émotion doit être absente. Or voilà que j'évoque l'intuition comme l'une des qualités nécessaires pour gagner régulièrement à ce jeu. Vous devez vous demander si je ne commence pas à manquer un peu de cohérence. Rassurez-vous !

Contrairement à ce que bien des gens pensent, l'intuition n'a rien à voir avec la prémonition, la pensée magique ou un quelconque « sixième sens » qui permettrait de lire dans le cerveau de ses adversaires. Il ne s'agit pas ici de jouer au devin en essayant de prévoir l'imprévisible, mais plutôt de pencher vers une décision sans qu'intervienne un processus de réflexion clairement défini.

Mot issu du latin *intueri* – qui signifie « regarder attentivement » –, l'intuition est définie dans le *Larousse* comme la « connaissance directe, immédiate, de la vérité, sans recours au raisonnement, à l'expérience ». Il s'agit donc, au fond, d'une somme d'informations emmagasinées dans mon cerveau, dont je suis plus ou moins conscient, mais dont je tiens quand même compte pour prendre une décision.

Quand on y songe un instant, tout cela est bien normal. Au poker, on prend des décisions à partir de données, de probabilités et d'informations au mieux incomplètes. On a beau avoir l'esprit mathématique le plus développé, faire preuve d'un sens de l'observation hors pair, être un fin psychologue et même avoir beaucoup de chance par-dessus le marché, on n'est jamais absolument certain de la façon dont une main va se terminer. Il y a toujours une partie plus ou moins importante des informations qui nous échappe et fait obstacle à notre capacité de bien juger des situations. Dans ces conditions, la logique a forcément ses limites.

❖

Ces situations où l'intuition entre en ligne de compte surviennent souvent lorsqu'un jeu paraît automatique et que, malgré ce que la raison me dicterait normalement, un doute surgit apparemment de nulle part et se fraye un chemin dans mon esprit.

Par exemple, supposons que j'aie en main 10♠-10♥. Je relance avant le flop et mon adversaire relance à son tour. J'appelle. Le flop donne 6♦-9♥-5♣ et l'autre joueur mise. J'appelle de nouveau, même si ma main me paraît nettement supérieure et que je pourrais relancer. A♥ sort au tournant et nous faisons parole tous les deux. Enfin, 10♣ complète mon brelan à la rivière et mon adversaire mise.

Je dispose ici d'une main très forte et rien dans le tableau ne paraît la menacer sérieusement. En théorie, je devrais donc relancer assez fortement pour faire augmenter la taille du pot. Pourtant, je ne suis pas certain que ce soit la bonne chose à faire. Je ne sais pas pourquoi, mais, malgré la force évidente de ma main, je me sens quand même en position de faiblesse. J'ai beau constater que les possibilités de victoire de mon adversaire paraissent très faibles et qu'il est nettement dans mon intérêt de relancer, je ne peux me débarrasser de ce doute que j'aurais bien du mal à expliquer rationnellement.

Tout en me reprochant d'avance ce manque de courage qui me fait rater une occasion d'augmenter la taille de mon tapis, je décide néanmoins de suivre mon intuition et de simplement appeler sa mise plutôt que de relancer. Mon adversaire dévoile alors A♣A♦ pour un brelan supérieur au mien. En toute logique, je devrais être étonné et même déçu, mais me voilà pourtant étrangement rassuré. Mon intuition était juste et la prudence qu'elle m'a inspirée m'a fait économiser beaucoup de jetons et d'argent.

Qu'est-ce qui explique ma décision ? Je ne saurais le dire avec précision. À quiconque détient une main comme celle que je viens de décrire, je conseillerais sans hésiter de toujours relancer à la rivière. Or, une voix intérieure m'a soufflé une réponse contraire à la logique. Ai-je inconsciemment remarqué quelque chose dans l'attitude de mon adversaire ? Dans la rapidité avec laquelle il a misé ? Ai-je perçu une ressemblance marquée avec une main jouée par lui plus tôt dans la journée ? Si je pouvais répondre à ces questions, on ne parlerait plus d'intuition, mais d'une décision rationnelle que je serais alors en mesure de justifier. Or, je sais seulement que je n'étais pas à l'aise avec le jeu que la logique imposait de toute évidence.

Il peut également se produire des situations inverses où, malgré la faiblesse apparente de ma main – une paire de 9 ou deux petites paires – face à un tableau chargé de hautes cartes, j'éprouve quand même l'impression qu'elle pourrait prévaloir.

J'ai appris au fil du temps à écouter mon intuition. Elle n'est pas infaillible, certes, et m'a parfois inspiré de mauvaises décisions, mais elle m'a procuré, à la longue, plus de gains que de pertes. Par ailleurs, si je ne lui faisais pas confiance, qu'est-ce qui me distinguerait alors d'une simple machine programmée pour répondre d'une manière « y » à un stimulus « x » ? Car si la machine réussit maintenant à battre l'humain aux échecs, au backgammon et même à *Jeopardy*, ce n'est pas demain la veille qu'elle fera le poids face aux meilleurs joueurs de poker de la planète !

❖

La « petite voix » qui me souffle ainsi à l'oreille ne vient pas de l'au-delà. Ce n'est pas celle d'une muse qui descend pour m'inspirer. L'intuition est simplement de l'ordre de la connaissance intime. Une sorte de radar qui balaie mon intelligence du poker, la somme de mes expériences, les millions de mains que j'ai jouées, les informations que j'ai glanées ici et là et les leçons que j'en ai tiré. C'est la raison pour laquelle il me faut l'écouter, même si elle prend simplement la forme d'une impression, d'un sentiment, et non celle d'un calcul savant et complexe.

On peut certainement devenir meilleur en lisant des ouvrages spécialisés sur le poker, en se familiarisant avec le calcul des probabilités et en regardant des tournois à la télévision. Je dirais même qu'on ne peut pas se priver de tout cela quand on désire vraiment s'améliorer. Mais, au cœur d'une partie ou d'un tournoi, lorsqu'on a effectué toutes les équations nécessaires, qu'on a bien analysé la situation et qu'on dispose de toutes les informations disponibles, il faut répondre à cette question essentielle : Mon adversaire a-t-il les cartes que je crois qu'il a ? Dans ces circonstances, la capacité de faire appel à son intuition est un atout extrêmement précieux. Il ne faut pas l'écarter sous prétexte qu'elle n'est pas nécessairement, à première vue du moins, le fruit d'un long raisonnement.

Dans un chapitre précédent, je comparais le cerveau à une sorte de disque dur où sont emmagasinées toutes les données dont j'ai besoin pour prendre de bonnes décisions. Ce qu'il faut préciser à cet égard, c'est que ces informations qui s'accumulent dans mon cerveau n'y entrent pas toutes de la même manière et avec la même intensité. Et, surtout, je ne suis pas toujours parfaitement conscient que certaines d'entre elles s'y trouvent. Par exemple, est-ce que je me souviens d'avoir remarqué que tel adversaire, à un certain moment, a tenu ses cartes un peu plus fermement ou plus près de sa poitrine que d'habitude ? Que lorsqu'un autre a une moins bonne main, il a tendance à afficher une moue à peine perceptible ? Que ses mains tremblent légèrement lorsque les enjeux sont élevés ? Ai-je perçu un soupir de satisfaction ou de dépit, si faible soit-il, de la part d'un joueur ? Peut-être pas. En tout cas, pas toujours. Mais il y a de fortes chances que mes yeux ou mes oreilles aient enregistré ces informations, plus ou moins à mon insu, et que celles-ci se trouvent gravées dans mon subconscient et remontent à la surface au moment propice.

❖

Je le dis sans ambages : les débutants qui comptent sur leur intuition pour gagner des mains au poker courent à la catastrophe. La raison en est simple : ces néophytes ont tendance à confondre l'intuition et la pensée magique. Ce qu'ils prennent souvent pour de l'intuition est en fait le désir qu'une carte avantageuse tombe sur la table. Ils s'en remettent simplement à la chance. Or la véritable intuition est une chose un peu plus compliquée. Elle s'appuie avant tout sur l'expérience.

La réalité, c'est que l'intuition se développe généralement à force de jouer des mains, de détecter des séquences de mise, d'observer l'attitude de ses adversaires et d'acquérir petit à petit une véritable intelligence du jeu. C'est après avoir acquis ce bagage de connaissances que l'intuition peut véritablement jouer un rôle positif à long terme dans votre performance.

Tous les grands joueurs professionnels – de Doyle Brunson à Phil Ivey, en passant par Phil Hellmuth – avouent avoir fréquemment recours à l'intuition, et certains d'entre eux sont passés maîtres dans cet art. Encore une fois, je ne peux faire autrement que de citer l'exemple de Daniel Negreanu, dont le sens aigu de l'observation, la capacité extraordinaire de lire le jeu et le comportement de ses adversaires lui procurent un avantage certain à une table. Son intuition est devenue légendaire dans les milieux du poker. Même quand il fait face à des joueurs extrêmement agressifs, il réussit à gagner à cause bien sûr de son sang-froid, mais aussi de sa compréhension exceptionnelle du jeu et de sa capacité unique de faire les bons gestes au bon moment. Comme il le dit lui-même, son subconscient a vu le film des milliers de fois et lui dit ce qu'il faut faire dans telle ou telle situation.

À bien y penser, le poker n'est pas tellement différent de la vie. Quand vous avez une décision importante à prendre – un choix de carrière, une propriété à acquérir, un employé à embaucher –, vous examinez le pour et le contre de façon logique, mais vous savez bien qu'au bout du compte, lorsque viendra le temps de trancher, c'est une dimension supplémentaire qui prévaudra. Vous ne vous en remettrez pas seulement à la froide liste des avantages et des inconvénients. Une petite voix qui contient la somme de vos expériences, de votre vécu, pèsera lourdement dans la balance, même si vous seriez bien en peine d'exprimer clairement vos motivations. Voilà à quoi se ramène l'intuition, qui au fond n'a absolument rien à voir avec un simple coup de dés.

❖

L'intuition est-elle une disposition exceptionnelle réservée à une minorité d'élus ? Pas du tout. N'importe qui peut la développer. Comment ? D'abord, comme je l'ai souligné plus haut, par la pratique et l'expérience. À force de jouer, on finit par imprégner son esprit d'une foule de connaissances sur une variété infinie de situations de jeu, des plus simples aux plus complexes. Plus on joue de mains, plus on est susceptible de reconnaître, consciemment ou non, certains indices ou comportements dont il y a des leçons à tirer. D'ailleurs, il ne s'agit pas seulement d'aiguiser ses capacités d'intuition quand on joue, mais aussi d'observer les autres joueurs quand on ne participe pas à une main.

Ainsi dégagé de la pression du risque, on est souvent plus réceptif au flot des informations qui circulent et on est davantage capable d'envisager le jeu du point de vue de ses adversaires, un atout essentiel pour gagner régulièrement au poker. Au début, pour se faciliter la tâche, on peut se concentrer sur un seul joueur, puis, à mesure qu'on acquiert une certaine capacité de lecture, on peut en observer plusieurs à la fois. Je suggère même aux joueurs moins expérimentés de s'asseoir de temps à autre – comme je l'ai souvent fait moi-même – à une table de poker en ligne uniquement pour observer des joueurs aguerris en action. Au bout d'un certain temps, on peut même essayer de prévoir l'issue des mains à partir des observations qu'on a faites. On apprend ainsi énormément de choses.

L'intuition au poker ne s'acquiert pas du jour au lendemain et il ne faut pas commettre l'erreur d'y recourir prématurément, c'est-à-dire avant de maîtriser à fond le jeu. Mais, à force d'expérience, vous finirez par reconnaître la « petite voix » issue des informations emmagasinées dans votre subconscient. Cependant, il ne faut jamais oublier qu'elle n'est que l'une des armes de votre arsenal. Vous ne devez surtout pas la croire infaillible et lui accorder un rôle qu'elle n'a pas. Car elle ne remplace ni la logique ni le raisonnement ; elle ne fait que les compléter.

Au cours d'un tournoi préliminaire des Séries mondiales 2011, j'ai joué une main où mon intuition a vraiment prédominé.

Je suis en début de journée à un tournoi assez rapide, à 1500 $ le coût d'inscription. Je suis à une table où le calibre des joueurs est assez inégal, mais où le jeu est quand même assez facile. Je relance en position médiane avec A♠Q♦ et tous les joueurs se couchent, sauf le petit *blind* qui appelle. Le gros *blind* se couche.

Mon adversaire sur le *petit blind* est un homme d'une quarantaine d'années qui sait de toute évidence qui je suis. Plutôt que de m'éviter, il cherche systématiquement la confrontation. Chaque fois que j'entre dans un pot, il m'imite et semble éprouver une satisfaction particulière lorsqu'il réussit à remporter un pot dans lequel je suis impliqué.

Nous observons donc le flop qui tombe : 10♥7♣4♣. Il fait parole et moi aussi, car je pense qu'il appellera pratiquement toutes mes mises. Je préfère donc la carte gratuite.

Le tournant est un 8♥ et il mise. À ce moment, il est bien possible qu'il ait une paire, mais mon intuition me dit qu'il veut simplement gagner contre moi et qu'il n'a pas nécessairement une forte main. Je suis mon intuition et appelle la mise.

La rivière est un K♦. Mon adversaire lance rapidement une assez forte mise.

Encore une fois, j'ai le sentiment qu'il tente simplement de me sortir du pot. Il s'agit par contre d'une grosse mise et je ne suis pas tellement heureux que ce K soit apparu à la rivière. Ma tête n'arrête pas de me rappeler que j'ai simplement un A en carte haute, mais j'ai néanmoins l'intuition qu'il pourrait suffire à battre mon adversaire. Je suis quasiment certain qu'il tente de me bluffer et sa mise rapide à la rivière, comme si le K n'y changeait rien, contribue à alimenter mes doutes.

Parfois, l'intuition est plus forte que la raison. Je décide donc de suivre mon sentiment et j'appelle sa mise. Mon adversaire, dégoûté, ne montre même pas ses cartes et les lance dans la défausse. Je remporte la main avec un A en carte haute seulement.

CHAPITRE 16

La capacité de trancher

« Gagner au poker, c'est prendre les bonnes décisions. »
PHIL GORDON

J'ai évoqué dans les chapitres précédents certaines mains jouées lors des Séries mondiales de poker 2010, au cours desquelles un joueur (moi-même ou un de mes adversaires) a dû prendre des décisions déterminantes pour la suite du tournoi. Je songe en particulier à celle de Joseph Cheong (chapitre 8) de faire tapis contre moi avec A♠-7♥ avant le flop, alors qu'il ne restait plus que trois joueurs à la table finale. Je pense aussi, évidemment, à ma propre décision (chapitre 11) d'appeler le tapis de 11,6 millions de jetons de Matt Affleck, un peu avant la table finale, alors que j'avais en main J♥-J♣ contre A♠-A♣.

Des situations comme celles-là, on en voit fréquemment dans les tournois importants. Elles font appel à une foule de qualités qui sont expliquées en détail dans ce livre, notamment la maîtrise de ses émotions, la concentration, des nerfs d'acier et la confiance en soi. Elles exigent aussi, en particulier, la capacité de trancher, qui représente la dernière phase de la chaîne d'événements de chaque main à une table de poker. Mais cette phase est loin d'être une formalité.

❖

Comme l'affirme la citation en exergue, le poker se résume à une seule chose : prendre les décisions appropriées qui vont me permettre de maximiser mes gains et de minimiser mes pertes. Ça paraît plus simple que ça l'est en réalité. Car, plus on progresse dans l'univers du poker, plus on se rend compte que le processus de décision s'appuie sur un nombre considérable de facteurs qui ne sont porteurs d'aucune certitude. Des probabilités plus ou moins fortes, oui ; mais aucune assurance. Il y a donc toujours un risque, parfois très élevé. Au bout du compte, après avoir examiné les informations disponibles et fait les calculs nécessaires, il faut trancher. Or, plus les enjeux sont élevés – par exemple quand on approche de la table finale d'un tournoi –, plus la décision est difficile à prendre.

Au cours d'une seule main de Texas hold'em, il existe pour chaque joueur une possibilité de quatre rondes de mise : avant et après le flop, au tournant et à la rivière. À chaque occasion, les joueurs ont l'option de faire parole (*check*), de suivre, de miser, de relancer à une ou plusieurs reprises, ou de coucher leur main. Autant de situations où la décision de suivre, de miser ou de relancer peut être très lourde de conséquences. En effet, il est fréquent – dans des parties à l'argent en ligne ou encore en tournoi – que, même avant le flop, le pot atteigne des sommes considérables. Si je m'engage tête baissée dans une telle spirale de relances, même avec deux bonnes cartes, sans tenir compte de la valeur de mon tapis, de ma position à la table ou du profil de mes adversaires, je risque de me mordre les doigts longtemps.

Certains débutants s'imaginent en effet que les mises pré-flop ne présentent pas beaucoup de risques. C'est vrai seulement dans la mesure où elles restent faibles, mais, si un joueur qui détient une grosse paire ou deux hautes cartes décide d'emblée de faire augmenter les enjeux, alors il faut y réfléchir à deux fois avant de s'engager, car on pourrait devoir miser beaucoup plus qu'on ne l'aurait voulu pour voir la suite.

Comme la progression des mises au fil des quatre tours peut devenir pratiquement exponentielle, une toute petite variation dans la mise pré-flop peut engendrer des sommes considérables à la rivière. En effet, comme la mise bâtie représente généralement un pourcentage se situant entre le tiers et la totalité de la valeur du pot, une relance supplémentaire avant le flop, même si elle semble alors de peu de conséquence, peut signifier une mise deux fois plus importante à la rivière.

La prise de décision au poker n'est jamais une formalité. Elle ne se réduit certes pas à une formule mathématique où une seule réponse s'imposerait. Au contraire, le choix est souvent subjectif. C'est la mission de mes adversaires de me placer devant des décisions très difficiles.

Face à ces dilemmes fréquents où plusieurs réponses se pressent au fil d'arrivée, il faut être capable de trancher. Cela signifie d'abord être en mesure d'identifier tous les avantages marginaux de telle option par rapport à telle autre. Une décision recelant une espérance de gain supérieure d'un seul point de pourcentage par rapport à une autre peut se traduire par un bénéfice substantiel au bout du compte, même si elle peut paraître assez insignifiante sur le moment. Si la différence de rentabilité d'un choix apparaît négligeable à l'échelle d'une seule décision, elle ne l'est jamais quand on projette le tout à long terme. Or, c'est à long terme que le poker distingue le talent de la chance !

La capacité de trancher, c'est aussi pouvoir penser ces décisions dans un cadre plus large qui dépasse les conclusions purement mathématiques de la main jouée. Si deux options paraissent offrir une espérance de gain similaire, les conséquences peuvent se projeter au-delà du résultat net de cette main, influençant ma situation dans le cadre plus général d'un tournoi, par exemple. La projection du résultat potentiel pour analyser ses conséquences sur la suite du tournoi peut ajouter une espérance de gain implicite, rendant du coup une décision serrée plus logique, qu'elle penche dans un sens ou dans l'autre. C'est d'ailleurs ce phénomène qu'on peut observer dans la main m'opposant à Matt Affleck. J'étais incapable de trancher mathématiquement et, selon mon analyse de la main au moment de la jouer, me coucher ou appeler semblaient présenter une espérance de gain similaire. Or, en projetant les résultats possibles, je savais qu'en me couchant je demeurais au cœur même du peloton de tête. Par contre, si je suivais, deux types de résultats étaient possibles. Si je me trompais et perdais cette main, je conservais quand même de bonnes chances d'atteindre la table finale et, au bout du compte, d'effectuer une remontée. Ma vie de tournoi, bien que précaire, n'aurait pas pour autant été critique. Par ailleurs, en appelant et en gagnant, je prenais une avance considérable quant au nombre des jetons, avec tous les avantages de cette position. Ainsi, si les deux décisions me semblaient mathématiquement équivalentes (même si le dévoilement des cartes prouva le contraire), c'est cet avantage implicite de mener le tournoi qui a motivé ma décision.

À tout moment, donc, le joueur de poker est sur le fil du rasoir : il doit prendre des décisions qui peuvent entraîner la perte d'une partie importante de son tapis, ou l'éliminer d'un tournoi, ou au contraire lui donner plusieurs longueurs d'avance. Ce sont des décisions qui exigent à la fois beaucoup de lucidité, de solides capacités d'analyse et très souvent une bonne dose de courage.

Selon Jonathan

« Pour moi, la capacité de trancher dans une situation critique nécessite un équilibre parfait entre plusieurs aspects de la personnalité. Sans une bonne connaissance de soi et une solide confiance en ses capacités, il est impossible de franchir cette étape ultime, la plus difficile de toutes. »

❖

La capacité de trancher au poker repose avant tout sur la prise en compte de tous les éléments d'information susceptibles de m'aider à prendre des décisions éclairées et payantes. Ces éléments – aussi bien objectifs que subjectifs – sont très nombreux. Sans prétendre en dresser la liste exhaustive, voici ceux qui me semblent les plus importants.

1. **Le profil de mes adversaires.** C'est là que tout commence, car chaque décision dépend du joueur que j'ai en face de moi. En à peine une heure de jeu, je suis généralement en mesure de cerner assez bien le profil de mes adversaires. Je sais qui joue serré, qui est plus

agressif et dans quelle mesure, la proportion de mains jouées par tel autre, etc. Ces indications sont précieuses, car elles me disent à peu près jusqu'où je peux aller dans mes mises, mes relances et mes bluffs, et qui est susceptible de me barrer la route.

2. **La profondeur des tapis.** Chaque fois que le croupier brasse les cartes, je dois vérifier les montants ou le nombre de jetons dont disposent mes adversaires. Je dois être constamment au courant de ces données. Elles sont primordiales parce qu'elles m'indiquent leur pouvoir de relance et d'intimidation, et (selon la profondeur de mon propre tapis) mon degré de vulnérabilité face à leurs assauts. Par exemple, si je ne suis pas disposé à investir beaucoup dans une main et que tel adversaire possède un tapis très profond, il est sans doute préférable de renoncer tout de suite. Par ailleurs, il faut se méfier des joueurs qui ont de petits tapis : ils sont souvent tentés de jouer le tout pour le tout sur de gros pots.
3. **Le nombre de joueurs à la table.** C'est ce qui va dicter largement mon niveau d'agressivité. Plus il y a de joueurs autour de la table, plus il y a de chances que de grosses mains sortent et que ma paire de valets ne tienne pas. S'il y a moins de joueurs qui participent à la main, disons deux ou trois, ma grosse paire a plus de chances de l'emporter.
4. **Ma position à la table.** Si je suis le dernier joueur à parler sur une main, je dispose de beaucoup plus d'informations que si je suis le premier. Je sais qui s'est couché, qui a misé et relancé, et de combien, en plus de connaître la valeur du pot. Donc, si ma position est avantageuse, je pourrai me permettre d'être plus agres-

sif. Par contre, si je suis en moins bonne position, je devrai faire preuve de plus de prudence.

5. **Le déroulement de la partie.** Au cours d'une partie, j'observe les autres joueurs et note leurs séquences de mise, la rapidité avec laquelle ils prennent leur décision, l'expression de leur visage, le mouvement de leurs mains, les tics et comportements caractéristiques que je finis par associer à certains types de mains. Je veux savoir qui gagne, qui perd, qui est heureux ou frustré, comprendre le sentiment de mes adversaires et pourquoi ils jouent de telle ou telle manière. La dynamique de la table me révèle beaucoup d'informations que je dois mettre à profit lorsque vient le temps de prendre une décision.
6. **La force de mes cartes.** Après avoir examiné le contexte général de la table, je peux maintenant voir si j'ai un bon jeu et déterminer si je veux ou non investir dans cette main et, si oui, jusqu'à quel point.
7. **Le tableau.** Il est essentiel de développer une bonne lecture des cartes visibles communes qui sont sur la table et qui complètent mes cartes privées. Avec le calcul des cartes restantes (*outs*), elles me donnent une idée des probabilités d'avoir une main gagnante. La composition du tableau me permet aussi d'en savoir plus sur les potentialités des mains adverses. Je peux alors établir un plan d'action, en tenant compte des éléments précédents, et prendre la meilleure décision en fonction des informations dont je dispose.
8. **Les cotes du pot.** Comme on l'a vu au chapitre 3, les cotes du pot sont le rapport entre le montant requis pour appeler une mise et celui qui se trouve dans le pot. De façon générale, si le montant de la mise est faible et

que celui du pot est élevé, l'investissement en vaut la peine. À l'inverse, si la mise à appeler est forte et que le montant du pot est faible, il est préférable de coucher sa main, à moins qu'elle ne soit très forte. Bref, il s'agit de savoir, à partir des informations disponibles, si le jeu en vaut la chandelle.

❖

Au poker, il arrive que de bonnes décisions tournent mal et que de mauvaises décisions soient payantes. C'est la loi du genre. On ne contrôle pas les cartes et c'est cet élément de risque qui rend ce jeu si fascinant. Or, quand vient le temps de franchir le point de non-retour, je sais qu'il y a toujours une part d'inconnu dans le processus et que c'est le hasard qui aura le dernier mot. Mais je ne dois pas m'y attarder, sinon je m'empêcherais de réfléchir clairement et en toute objectivité. Et c'est en prenant toujours les bonnes décisions que je gagnerai à long terme.

Si je crois que je devrais suivre face à une très large mise qui met ma vie de tournoi en jeu, mais que l'option de coucher ma main m'apparaît tout de même logique et bonne – quoique légèrement inférieure à celle de suivre –, aurai-je le courage « d'appuyer sur la gâchette » ? Si, en situation de bluff, je dois lancer une troisième salve à la rivière au risque d'être éliminé d'un tournoi, aurai-je le sang-froid nécessaire pour le faire sans révéler mon angoisse ? De ce point de vue, la capacité de trancher représente une forme de confiance en soi qui favorise la prise de décision.

❖

Après avoir analysé toutes les données disponibles, il faut donc trancher et, comme je l'ai souligné, ce n'est pas toujours simple. Toutes sortes de pressions s'exercent dans une telle situation, et pas seulement celles qui sont liées à la peur de perdre.

Par exemple, ces pressions s'intensifient énormément quand on participe à un tournoi important retransmis à la télévision. Lors des Séries mondiales de poker 2010, à l'approche de la table finale, lorsque les caméras d'ESPN ont fait leur entrée dans la salle, j'ai ressenti fortement cette pression supplémentaire. La peur de commettre une grosse erreur était décuplée parce que je savais que chacun de mes gestes était surveillé, épié, commenté et enregistré. Une erreur commise en petit comité peut avoir de lourdes conséquences, mais la présence de la télévision ajoute à la peur de perdre la crainte du ridicule et d'être jugé sur une seule décision, et d'être considéré par la suite comme un mauvais joueur par des millions de personnes.

Dans ces circonstances, il est impératif de faire le vide sur ces éléments extérieurs et de me concentrer uniquement et objectivement sur ce qui peut m'aider à prendre une décision, à savoir les données partielles dont je dispose. C'est à cette seule condition que je réussirai à trancher de façon optimale et à gagner régulièrement.

CHAPITRE 17

La chance

« Si le poker ne comportait pas une part de chance, je pense que je gagnerais chaque fois. »
PHIL HELLMUTH

Quand il m'arrive de me remémorer de temps à autre le long périple qui m'a mené à la victoire lors de l'événement principal des Séries mondiales de poker 2010, je ne peux m'empêcher de penser que j'ai eu beaucoup de chance.

Je repense à certaines mains en particulier, jouées à un stade très avancé du tournoi. Par exemple, au septième jour de l'événement principal, contre Robert Pisano, qui a finalement terminé au 23e rang. Avec A♥-K♣, j'avais fait tapis contre sa paire 6♠-6♥. Le flop avait donné 7♦-3♣-J♥. Après que le tournant eut révélé 5♣, mes chances de remporter cette main n'étaient plus que de 14 %. Puis, à la rivière, K♥ était tombé *in extremis,* me permettant de doubler la valeur de mon tapis en remportant un pot de 3,6 millions de jetons.

Ce même jour, j'avais 8♥-8♣ contre 10♦-6♦ pour Matthew Berkey. Après le flop 6♠-6♥-3♦, mon adversaire avait un brelan de 6 et mes chances de gagner la main étaient de moins de 10 %. Avec 8♦, le tournant m'avait donné mon brelan de 8 et je redevenais largement favori. Après la mise de Berkey, j'avais fait tapis et celui-ci avait appelé. Le 2♣ sorti à la rivière n'avait rien changé et je venais de mettre la main sur un pot de près de 8 millions de jetons.

À la table finale, alors qu'il ne restait plus que cinq joueurs, j'avais aussi eu énormément de chance contre Michael Mizrachi. Avec 3♦-3♥, il avait poussé son tapis contre mon A♠-9♥ et j'avais appelé. Nos chances de gain étaient alors à peu près égales, pour un pot de près de 54 millions de jetons. L'enjeu était énorme. Je me souviens quand même d'avoir fait remarquer à Mizrachi, juste avant le flop, que je n'aimais pas beaucoup la situation dans laquelle je me trouvais. Comme pour contredire mes appréhensions, le flop avait tourné 9♦-5♦-K♥. Ma paire de 9 améliorait mes chances, mais il suffisait à mon adversaire d'obtenir un autre 3 pour avoir un brelan et l'emporter. Au tournant, 9♣ était tombé, changeant peu la donne malgré le brelan désormais acquis, alors que les deux mêmes cartes, en l'occurence les deux 3 restants, permettaient toujours à Mizrachi de gagner la main. Heureusement pour moi, J♥ était apparu.

❖

On ne peut pas gagner un tournoi d'envergure comme l'événement principal des Séries mondiales de poker sans une bonne dose de chance. Tous les joueurs de haut niveau vous le diront. En fait, il ne suffit pas simplement d'être chanceux; il faut l'être jusqu'à un stade avancé du tournoi, comme ce fut mon cas en 2010.

Même si depuis le début de cet ouvrage je tente d'expliquer les éléments logiques qui permettent de gagner à long terme au poker, il est évident que le hasard et la chance jouent un rôle important dans une compétition relevée où la plupart des joueurs sont à peu près d'égale force. Sur de nombreuses mains, le hasard et la chance ont souvent le dernier mot. Autrement dit, il arrive fréquemment que la carte qui me sauvera – ou qui fera gagner mon adversaire – sorte à la rivière, même si les probabilités qu'elle apparaisse sont de moins de 10 %.

Quelle est la part de la chance dans les jeux de stratégie – de dés ou de cartes – où le hasard entre en ligne de compte ? Difficile à dire. Certains croient qu'au backgammon, la proportion est d'environ du tiers, le reste étant une question de talent, de technique et de stratégie dans la manière de déployer ses pions. La grande différence, c'est qu'au backgammon il suffit de regarder la position des pions sur la table pour savoir exactement où l'on en est dans le cours d'un match. La seule inconnue demeure le prochain jet de dés. On ne peut pas faire croire à son adversaire qu'on est en meilleure position que lui. Au poker, on le peut, et cette dimension psychologique est même l'un des aspects essentiels du jeu, qui le distingue et le rend si fascinant.

Ce que le backgammon et le poker ont en commun, toutefois, c'est qu'avec un peu de chance un néophyte peut battre le meilleur joueur du monde pendant toute une soirée.

Néanmoins, j'ai déjà indiqué à quelques reprises dans ce livre qu'au poker, il est essentiel de penser à long terme. En fait, il est impossible de survivre dans le monde du poker si on a le nez constamment collé sur l'immédiat. C'est aussi dans cette perspective qu'il faut expliquer le rôle de la chance, aussi bien au backgammon qu'au poker. Pourquoi? Parce que si la chance est prédominante à court terme, ce sont le talent et l'habileté stratégique qui prévalent à long terme.

Prenons un exemple très simple pour illustrer mon propos. Je lance une pièce de monnaie en l'air. Il y a une chance sur deux qu'elle tombe sur pile. Le résultat de mon jet sera strictement l'effet du hasard. Si je la lance dix fois, une variance s'installera et le résultat global se rapprochera sans doute un peu plus de 50 %, encore qu'il soit possible – mais improbable – qu'il soit de 90 % ou 100 % sur pile ou sur face. Supposons maintenant que je lance cette même pièce en l'air mille fois. Il est certain que le résultat se situera davantage dans une fourchette de 40 % à 60 %. Si je la lance un million de fois, la fourchette sera encore plus réduite, probablement entre 48 % et 52 % de pile ou de face. C'est ce qu'on appelle le calcul des probabilités, dont les joueurs de poker et de backgammon doivent tenir compte avant de prendre une décision.

Au poker, cela signifie que si je joue une seule main, le rôle de la chance sera très important dans le résultat. Si je joue pendant toute une journée, il le sera déjà un peu moins, mais demeurera quand même significatif. La chance reste aussi, comme je l'ai dit, un facteur essentiel dans l'issue d'un tournoi. Mais si je joue au poker pendant un an, cinq ans ou dix ans contre les mêmes personnes, alors elle deviendra au bout du compte un élément très marginal dans le cours des choses. Je connaîtrai des séquences où le sort me favorisera et d'autres où j'aurai l'impression qu'il s'acharne contre moi. Mais, dans l'ensemble, sur une longue période, c'est mon talent, ma capacité de bien lire le jeu et mes qualités tactiques qui prévaudront et feront de moi un joueur gagnant ou un joueur perdant. La chance n'aura rien à voir dans mon bilan global. Voilà pourquoi il ne faut pas se laisser désarçonner par les séries d'insuccès, même si elles paraissent parfois s'éterniser. Elles sont normales et personne n'y échappe, pas même les meilleurs joueurs de la planète.

Même si le calcul des probabilités me dit que les chances sont bonnes pour que je complète une suite ou un tirage couleur au cours de telle main, la carte que je convoite ne tombera pas toujours. Ce que je sais, cependant, c'est que, sur une longue période, si j'évalue correctement mes cotes et si j'effectue efficacement mes calculs des probabilités, je serai un joueur gagnant, que la chance soit avec moi ou non.

❖

Quand je suis sur le point d'entreprendre un tournoi de poker, beaucoup de mes proches me téléphonent ou m'envoient un courriel ou un texto pour me souhaiter bonne chance. En effet, je sais que j'en aurai bien besoin pour l'emporter au fil d'arrivée. Mais ce que je souhaite avant tout, c'est de bien jouer, tout simplement. La raison coule de source : c'est le seul élément du jeu que je peux contrôler. Je n'ai aucune prise sur la chance, mais je peux prendre les dispositions nécessaires pour me présenter à un tournoi en pleine forme physique et mentale, avec toutes mes facultés bien aiguisées, afin de prendre les meilleures décisions possibles. Là encore, l'analogie avec la vie quotidienne s'impose d'elle-même. La vie comporte plein de choses dont la maîtrise nous échappe. L'important, c'est de nous concentrer et d'agir sur les choses dont nous pouvons influencer le résultat.

Cela dit, je dois aussi être conscient de la façon dont la bonne ou la mauvaise fortune est susceptible d'affecter mon jeu et celui de mes adversaires. Je dois être en mesure de mettre à profit mes séquences gagnantes et de limiter les dégâts pendant les séquences de pertes. Par exemple, si je suis perçu à la table comme un joueur en « état de grâce », il va sans dire que mes adversaires me craindront. Ils auront beaucoup plus de respect pour mes mises et mes relances, et mes bluffs risqueront d'être beaucoup plus efficaces.

Je dois profiter de ces instants où la chance me sourit pour maximiser mes gains. C'est à ce moment que je dois jouer du poker offensif, défier mes adversaires afin de faire augmenter la valeur du pot, en particulier avant le flop. Je dois trouver des moyens pour que les autres misent autant de jetons que possible, sans pour autant les effrayer avec des relances trop fortes. Là réside en grande partie l'art du poker. Ce n'est pas une chose qu'on maîtrise du jour au lendemain, mais à force de jouer vous apprendrez à mieux lire la table, à cerner efficacement vos adversaires et à mieux les manœuvrer.

À l'inverse, il survient des séquences, dans la vie d'un joueur de poker, où rien ne fonctionne. Je complète un tirage couleur à la dame et mon adversaire montre le même tirage au roi ou à l'as. J'ai une main pleine au valet et mon adversaire me bat avec une main pleine au roi ou un carré. Dans ces circonstances où la confiance est inévitablement affectée, je dois savoir que mes adversaires sont conscients que je suis dans une mauvaise passe et qu'ils essayeront de m'intimider avec de fortes mises. C'est pourquoi je dois être plus posé dans mon approche, ce qui se traduira par une ligne plus serrée et prudente, car les joueurs gagnants sont inspirés, et les joueurs inspirés jouent toujours mieux. Cela est spécialement vrai alors que dans les circonstances, c'est moi qui fait office de cible. Par la suite, je dois rester prudent. Ce n'est pas le temps de défier la table.

Pendant de telles séquences, dans les parties à l'argent dont on peut sortir quand on veut, ce n'est pas non plus une mauvaise idée de se fixer une limite de pertes et d'avoir la discipline de s'y conformer. C'est bien connu, tout joueur qui est dans une séance perdante a le réflexe de vouloir récupérer son argent. La plupart du temps, il veut le faire rapidement et c'est souvent à ce moment que la catastrophe le guette au tournant. Impatient, il mise trop, prend des risques inutiles et, au bout du compte, aggrave son cas. Il faut avoir l'humilité – et la lucidité – d'admettre sa défaite. Après tout, les occasions de se reprendre ne manqueront pas.

❖

On a beau avoir tout le talent du monde, il faut une bonne dose de chance pour devenir champion du monde. Ce qu'il ne faut pas perdre de vue, au poker comme dans tout autre jeu où le hasard entre en ligne de compte, c'est qu'à long terme les gagnants ne sont pas ceux qui ont de la chance, mais ceux qui jouent bien.

La chance ne se manifeste pas toujours dans de grands moments dramatiques télévisés, comme ce fut le cas avec la main m'opposant à Matt Affleck. Le meilleur exemple qui me vient à l'esprit s'est passé lors du jour 5 de l'événement principal des Séries mondiales de poker 2010, alors que j'étais en position critique, avec un tapis de moins de 10 fois la valeur d'un gros *blind*.

Je découvre alors A-5 en position hâtive. Mon faible tapis limite mes options et je n'ai pas le choix de pousser afin de voler les *blinds* et les antes, qui représentent déjà un gain substantiel qui me permettrait d'augmenter mon tapis de 25 %.

Je pousse donc et le gros *blind* appelle avec A-10. Ma vie de tournoi est alors fortement compromise : mes chances de survie sont d'à peine 30 %.

Mais Dame Chance me sourit : un 5 apparaît au tableau, je remporte la main et je double la valeur de mon tapis. Cette main, somme toute assez anodine, est de celles qui font gagner les longs tournois et j'ai eu la chance d'en remporter plusieurs durant les Séries mondiales de 2010. Sans la chance à mes côtés dans de tels moments, vous ne tiendriez pas ce livre entre vos mains !

CHAPITRE 18

L'expérience

« Sans le poker en ligne, beaucoup des meilleurs joueurs de la nouvelle génération seraient incapables de se mesurer aux professionnels aguerris. Grâce au poker en ligne, il est maintenant possible d'acquérir plusieurs années d'expérience en quelques semaines. »

JOHN TABATABAI

Quand on parle d'expérience au poker, c'est le nom de Doyle Brunson – surnommé le « Parrain du poker » – qui nous vient le plus souvent à l'esprit. À 78 ans, Doyle a connu des succès impressionnants : près de 6 millions de dollars de gains, 10 bracelets WSOP et 2 victoires consécutives à l'événement principal des Séries mondiales de poker (1976 et 1977). Tout au long d'une carrière qui s'étend sur plus de 50 ans, cette légende vivante du poker a joué contre les meilleurs joueurs du dernier demi-siècle, de Chip Reese à Stu Ungar en passant par Daniel Negreanu et Phil Ivey. Aujourd'hui, il participe à moins de tournois qu'auparavant, mais demeure quand même un joueur redoutable malgré son âge.

Comme pour la plupart des grands joueurs, l'histoire de Doyle Brunson commença par des revers de fortune, à une époque où l'univers du poker était encore largement synonyme de violence et où il n'était pas rare que les professionnels se fassent voler leurs gains de la soirée à la pointe d'un revolver. Pendant six ans, Brunson fit équipe avec ses amis Amarillo Slim et Sailor Roberts dans des parties à l'argent jouées un peu partout dans le sud des États-Unis. Mettant en commun leurs gains, ils amassèrent plus de 100 000 dollars qu'ils perdirent rapidement lors de leur premier voyage à Las Vegas. C'est à la suite de ce désastreux voyage que Doyle Brunson commença à établir sa légende, à force de pratique et d'expérience.

Il ne fait aucun doute que l'expérience est l'un des éléments les plus importants de la victoire au poker. L'aspect mathématique – cote du pot, calcul des probabilités et espérance de gain – est relativement facile à intégrer dès le début, mais il faut pas mal de temps pour acquérir l'intelligence globale du jeu, la discipline, le sens de l'observation, la psychologie et l'intuition nécessaires pour gagner de façon constante.

❖

Si l'expérience est si déterminante au poker, comment se fait-il que de jeunes loups comme Viktor Blom et Tom Dwan – âgés respectivement de 21 et 25 ans – tiennent tête aux meilleurs dans des parties à l'argent aux enjeux considérables ? Et comment se fait-il que des joueurs au début de la vingtaine – Peter Eastgate, Joe Cada et moi-même – aient remporté l'événement principal des Séries mondiales de poker au cours des trois dernières années ?

La réponse tient en un seul mot : Internet.

Pour moi qui suis né en 1987 et qui ai littéralement grandi avec Internet, il est difficile de mesurer le véritable impact qu'a eu ce phénomène dans tous les domaines de la vie. J'ai beaucoup de peine à imaginer un monde sans courriel, sans texto, sans Twitter et sans Facebook. Pourtant, je sais qu'il n'y a pas si longtemps, les seuls téléphones qui existaient étaient sur ligne filaire. Je sais que pour transmettre un message à quelqu'un, il fallait prendre un crayon, l'écrire sur du papier, glisser le papier dans une enveloppe, y apposer un timbre et déposer cette enveloppe dans une boîte aux lettres.

Aujourd'hui, quand je joue au poker en ligne, mes adversaires virtuels sont en France, en Russie, en Allemagne, en Australie. Nous jouons ensemble en temps réel et cela est assez banal à nos yeux. Pourtant, je sais qu'une telle chose était impensable l'année de ma naissance. Internet a accéléré les choses, aboli les distances et ouvert aux gens l'accès à une foule de connaissances et d'activités qui jusqu'alors étaient réservées à un nombre limité de personnes. C'est certainement vrai pour l'univers du poker, qui s'est démocratisé avec une rapidité fulgurante.

Au poker, ce qui compte, c'est le nombre de mains jouées. En ce sens, les jeunes joueurs de la génération Internet ont beaucoup plus d'expérience que la plupart des gens ne le croient généralement. C'est une chose très facile à démontrer.

Jusqu'à ce qu'il fût possible de jouer au poker en ligne, la seule manière d'acquérir de l'expérience était de se rendre dans un casino – ce qui est loin d'être évident pour le commun des mortels – ou de faire partie d'un réseau de passionnés qui se rencontraient régulièrement pour s'adonner à leur activité favorite. Dans les deux cas, on ne peut guère jouer plus de 25 mains à l'heure. C'est dire qu'il fallait s'y consacrer pendant de nombreuses années avant de devenir un joueur aguerri. Sur Internet, par contre, avec un peu de pratique on peut jouer facilement à 8 tables simultanément, ce qui représente environ 500 mains à l'heure. Si on joue à raison de 40, 50 ou 60 heures par semaine, on voit énormément de mains et on peut acquérir beaucoup d'expérience en peu de temps.

Il est vrai que la personne qui joue uniquement au poker en ligne n'a pas l'expérience des gros tournois, où l'on affronte ses adversaires en chair et en os, où l'on peut recueillir davantage de données différentes et où l'aspect psychologique est plus complexe. Mais, quand je joue pendant plusieurs heures à 12 tables à la fois sur PokerStars.net, le nombre de situations de jeu que je vois est énorme et l'expérience stratégique que j'y acquiers est inestimable.

De plus, il existe de nombreux logiciels statistiques capables d'enregistrer chacune des mains que je joue. Ces outils me permettent de revoir et d'analyser mon jeu dans des séances d'études tenues hors de la table. Ils accumulent au sujet de mes adversaires d'innombrables informations qui me sont transmises en temps réel. Ainsi, je peux véritablement mettre des chiffres sur des concepts, ce qui me permet de rationaliser à peu près toutes mes décisions en m'appuyant sur des faits tangibles, sur des statistiques compilées au fil de dizaines, voire de centaines de milliers de mains. L'apprentissage du poker et la manière de répondre à telle ou telle action d'un adversaire au profil défini s'en trouvent facilités. C'est un atout puissant, disponible pour tout joueur en ligne le moindrement sérieux, mais c'est surtout un outil dont n'auraient pu rêver les joueurs de l'ancienne garde.

Je ne conteste pas le fait qu'une main jouée au casino puisse m'en apprendre plus sur la stratégie du poker qu'une main jouée en ligne, mais je suis certain qu'une heure de poker en ligne me fera progresser plus rapidement qu'une heure de poker au casino. Ce que je sais aussi, c'est que je n'aurais jamais acquis l'expérience nécessaire pour gagner, à 23 ans, l'événement principal des Séries mondiales de poker 2010 si j'avais joué seulement à des tables réelles au cours des cinq années précédentes. Je suis sûr que c'est aussi vrai pour Peter Eastgate et Joe Cada.

Aujourd'hui, à 24 ans, je suis un joueur aussi expérimenté, sinon plus, qu'une personne de 50 ans qui a joué seulement dans des casinos tous les jours de sa vie depuis 30 ans. Et je ne suis pas le seul. Nous sommes des milliers de joueurs à pouvoir dire la même chose et nous sommes les milliers de raisons pour lesquelles le poker est si populaire et si compétitif aujourd'hui, partout sur la planète.

Selon Jonathan

« Pour moi, l'expérience se mesure plus au nombre d'heures investies qu'au nombre des années qui passent. Connaître ses forces, c'est le premier pas vers la capacité de se réaliser. Pour tracer son chemin vers le succès, il faut tout déployer pour les faire fructifier. »

❖

Cette possibilité nouvelle d'acquérir rapidement de l'expérience est un phénomène unique dans l'univers de la compétition sportive. C'est un peu comme si, dès son arrivée dans la Ligue nationale de hockey, un joueur de 20 ans connaissait tous les trucs du métier qu'un vétéran a mis 10 ou 15 ans à découvrir et à perfectionner. C'est comme si chaque année chaque sport professionnel accueillait des dizaines de Wayne Gretzky, de Babe Ruth, de Michael Jordan ou de Roger Federer.

Le fait qu'un Tom Dwan ait joué, à 25 ans, trois fois plus de mains que Doyle Brunson à près de 80 ans pose un immense défi à la vieille garde des joueurs de poker. Les Phil Hellmuth, Johnny Chan et Scotty Nguyen font face désormais à une meute de jeunes loups affamés aux dents pointues, qui, par surcroît, ont l'habileté stratégique et l'expérience nécessaires pour bien figurer au plus haut niveau du poker international.

Cette nouvelle génération de joueurs issus d'Internet représente aujourd'hui une présence incontournable, non seulement dans l'univers du poker en ligne, mais aussi dans tous les tournois importants. La preuve ? Sept des neuf joueurs de la table finale de l'événement principal des Séries mondiales de poker 2011 ont moins de 27 ans. Deux d'entre eux, l'Ukrainien Anton Makievskyi et le Britannique Samuel Holden, sont âgés respectivement de 21 et 22 ans. C'est dire que la grande majorité des joueurs de la table finale ont acquis leur expérience essentiellement sur Internet. Ce qui est aussi remarquable, c'est que ces joueurs, qui font partie de ce qu'on appelle communément le *November Nine*, proviennent de sept pays différents. En 2010, trois pays seulement – États-Unis, Canada, Italie – étaient représentés. C'est le signe que le poker n'est plus la chasse gardée d'un seul pays, et cela est largement le résultat de l'œuvre de démocratisation réalisée par Internet.

CONCLUSION

Le 12 juillet dernier, au casino *Rio* de Las Vegas, alors que je défendais mon titre de champion du monde, j'ai été éliminé de l'événement principal des Séries mondiales de poker 2011. Bien sûr, j'aurais beaucoup aimé répéter mon exploit de 2010 ou, tout au moins, accéder à la table finale pour une deuxième année consécutive. Mais je savais, dès le départ, qu'avec plus de 6800 participants inscrits, la loi de la moyenne ne jouait pas en ma faveur. Cela dit, j'estime malgré tout avoir tiré mon épingle du jeu tout au long des 25 tournois auxquels j'ai participé lors des Séries mondiales 2011, de sorte que ma confiance n'est pas du tout ébranlée à l'approche des tournois importants auxquels j'entends participer dans les mois à venir.

Avec le temps et l'expérience, on apprend à encaisser avec philosophie ces défaites qui sont inévitables dans la vie d'un joueur de poker. Comme le dit le vieil adage sportif, on ne peut pas toutes les gagner. C'est encore plus vrai au poker, et à plus forte raison en tournoi, où l'on perd généralement neuf fois sur dix.

Au moment où mon règne de champion du monde de poker tire à sa fin, c'est un sentiment d'intense satisfaction et de reconnaissance qui m'anime quand je repense à l'année qui vient de s'écouler, sûrement la plus belle de ma vie. Entre les Séries mondiales de 2010 et celles de 2011, j'ai bien sûr eu l'occasion de jouer énormément au poker et d'offrir de bonnes performances, remportant un tournoi important en Europe et un autre sur Internet. J'ai eu la chance de voyager partout dans le monde – aussi bien en Amérique du Nord qu'en Europe et en Asie –, de rencontrer des gens intéressants que je n'aurais jamais connus autrement, et d'être associé à des organisations caritatives dont je suis très fier. Toutes les expériences professionnelles et humaines vécues au cours de cette année magnifique m'ont fait gagner en maturité et ont fait de moi une meilleure personne, plus complète et plus sensible aux réalités du monde.

Sur le plan professionnel, j'ai l'intention de continuer d'étudier et de prendre les moyens nécessaires pour réaliser mes potentialités et devenir le meilleur joueur possible. Au cours des prochains mois, j'espère aussi participer à tous les tournois importants qui seront disputés dans le monde. Mon rêve de joueur de poker a toujours été de prendre part à ces grandes compétitions, et je suis maintenant en mesure de le faire. J'ai également l'intention d'élargir mes horizons en me perfectionnant dans d'autres variantes du poker, dont l'Omaha, le *stud* à sept cartes, le *razz*, le H.O.R.S.E. et le *8-game*. Je crois que cela me permettra d'être un joueur plus complet et plus polyvalent qu'en jouant à peu près uniquement au Texas hold'em, comme je l'ai fait jusqu'à maintenant.

Je souhaite aussi continuer de jouer un rôle d'ambassadeur du poker partout où j'aurai l'occasion de jouer dans le monde. C'est une tâche que j'ai prise au sérieux et que j'ai assumée avec beaucoup de fierté tout au long de l'année 2011, et je pense que c'est ce que les gens attendent encore de moi. Je crois profondément que le poker est une activité noble qui, comme je pense l'avoir démontré au fil de ces pages, fait appel à des qualités qu'il est important de posséder pour avoir du succès dans toutes les sphères de la vie. À ce titre, j'ai aussi fermement l'intention de poursuivre le travail de promotion du poker que j'ai déjà entrepris au Québec et dans l'ensemble du Canada. Il y a chez nous des joueurs et des joueuses de grand talent qui sont de plus en plus reconnus à l'extérieur de nos frontières. De plus, ce sont des gens qui ont la tête solidement plantée sur les épaules et qui jouent au poker pour les bonnes raisons.

J'espère, en terminant, que ce livre contribuera aussi à la promotion du poker auprès des personnes douées, et qu'il réussira à modérer les ardeurs de celles qui n'ont pas les qualités nécessaires pour le pratiquer. Le jeu doit demeurer avant tout une source de plaisir et d'épanouissement, non d'angoisse et de regrets.

LEXIQUE

Agressif : Joueur qui relance souvent, mais qui suit rarement les mises.

Assortie : Main de départ où les deux cartes sont de la même couleur.

Blind : Mise forcée (ou partielle) placée par un ou plusieurs joueurs avant la distribution des cartes. Habituellement, les blinds sont placés par les joueurs assis immédiatement à la gauche du bouton.

Blind, gros : Au Texas hold'em, la plus grosse des deux mises forcées au début de chaque main. Le gros blind correspond généralement à la mise minimum du premier tour d'enchères.

Blind, petit : Au Texas hold'em, le plus petit des deux blinds. Normalement, le petit blind équivaut à la moitié du gros blind.

Bouton : Jeton qui désigne le donneur pour la main. On dit de ce joueur qu'il est « au bouton ».

Carte gratuite : Voir le tournant ou la rivière sans devoir appeler une mise pour ce faire.

Cartes communes : Dans les jeux de Texas hold'em et d'Omaha, cartes placées face ouverte, au centre de la table, partagées par tous les joueurs. Les cartes communes sont aussi appelées « cartes du tableau » ou « tableau ».

Coucher, se (*fold*) : Déclarer forfait quant à ses chances de gagner un pot. Jeter sa main plutôt que suivre ou relancer.

Donneur : Joueur qui donne les cartes. En présence d'un donneur professionnel (croupier) ou automatisé (en ligne), il faut identifier le joueur qui aurait dû donner les cartes, puisque les blinds et les mises commencent à gauche du donneur. On utilise un jeton appelé « bouton » pour désigner ce donneur. Le bouton circule autour de la table dans le sens des aiguilles d'une montre et désigne un nouveau joueur à la fin de chaque main.

Faire tapis (*go all-in*) : Miser tous ses jetons sur un seul coup. On risque de tout perdre, mais on peut doubler son tapis en cas de victoire.

Flop : Les trois premières cartes communes, face ouverte.

Main : Désigne à la fois les deux premières cartes fermées (« main de départ ») et les cinq cartes à l'abattage.

Non assortie : Main de départ constituée de deux cartes différentes quant à la couleur.

Out : Carte qui permet à une main de gagner.

Parole, faire (*check*) : Ne pas miser, mais conserver la possibilité de suivre ou de relancer plus tard dans le tour d'enchères.

Pot : Ensemble des jetons qui s'accumulent au cours d'un jeu. Chaque joueur y contribue par ses mises.

Relancer : Augmenter le montant d'une mise.

Rivière (*river*) : Cinquième et dernière carte commune, face ouverte. On l'appelle parfois « cinquième avenue ».

Suivre (*call*) : Placer dans le pot une somme équivalente à la mise ou à la relance la plus récente.

Tapis : Jetons dont un joueur dispose pour une partie ou pour un tournoi.

Tournant (*turn*) : Quatrième carte commune, face ouverte. On l'appelle parfois « quatrième avenue ».

CLASSEMENT DES MAINS

Quinte flush royale (Royal flush): La plus forte main possible au poker. Une quinte flush royale est obligatoirement composée de: As, Roi, Dame, Valet et Dix de la même couleur.

Quinte flush (Straight flush): Une suite combinée à une couleur, mais sans l'As comme plus haute carte. Lorsque plus d'un joueur a une quinte flush, le joueur qui a la carte la plus haute l'emporte.

Carré (Quads/Four of a kind): Quatre cartes d'un même rang. Lorsque plus d'un joueur a un carré, celui qui a le plus haut carré l'emporte.

Main pleine (Full house): Trois cartes d'un même rang combinées à deux autres d'un même rang. Lorsque plus d'un joueur a une main pleine, celui qui détient les trois cartes du même rang les plus hautes l'emporte.

Couleur (Flush): Cinq cartes d'une même couleur. Lorsque plus d'un joueur a une couleur, celui qui a la carte la plus haute dans cette couleur l'emporte. Si la plus haute carte est la même, la seconde carte la plus haute détermine le gagnant, et ainsi de suite.

Quinte (Suite/Sequence/Straight): Cinq cartes qui se suivent en ordre numérique. Lorsque plus d'un joueur a une quinte, celui qui a la carte la plus haute l'emporte. Note: l'As peut jouer autant comme plus haute que comme plus faible carte (valeur de "1").

Brelan (Set/Trips/Three of a kind): Trois cartes d'un même rang. Lorsque deux joueurs ont un brelan, celui qui a le brelan le plus haut l'emporte. Si le brelan est le même, la quatrième carte la plus haute détermine le gagnant.

Deux paires (Two pairs): Deux fois deux cartes d'un même rang. Si plus d'un joueur a deux paires, celui dont la paire est la plus haute l'emporte. Si la plus haute paire est la même, la seconde paire la plus haute détermine le gagnant. Si les deux paires sont identiques pour chacun, l'acolyte (la carte qui ne fait pas partie d'un ensemble) le plus haut détermine le gagnant.

Une paire (One pair): Deux cartes d'un même rang. Lorsque plus d'un joueur a une paire, celui dont la paire est la plus haute l'emporte. Si la paire est la même, la carte la plus haute détermine le gagnant.

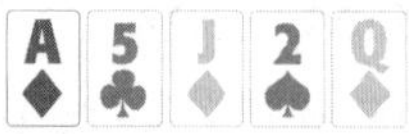

Carte la plus haute (High card): Une main qui ne comporte aucune combinaison. Lorsque plus d'un joueur a une seule carte, celui dont la carte est la plus haute l'emporte. Si la plus haute carte est la même, la seconde plus haute carte détermine le gagnant, et ainsi de suite.

REMERCIEMENTS

Le succès que je connais, je le dois évidemment à la chance que j'ai de posséder les qualités énumérées dans ce livre, mais aussi à de nombreuses personnes qui me sont chères. Que ce soit dans ma conquête du championnat mondial de poker, dans toute l'aventure qu'il en est résulté, dans l'écriture de ce livre ou tout simplement dans ma vie en général, je ne peux passer sous silence l'apport incommensurable de nombreuses personnes.

Je veux d'abord remercier les membres de ma famille pour leur amour, les valeurs qu'ils m'ont inculquées et leur soutien constant. Ce sont eux qui m'ont permis d'être la personne que je suis aujourd'hui et de vivre les choses extraordinaires qui m'arrivent. Je n'insisterai jamais assez sur l'importance qu'ils ont et auront toujours dans ma vie.

Merci à tous mes amis proches ; ceux qui l'étaient, le demeurent et le resteront. Je pense à tous ces bons moments partagés, à notre passion commune pour le poker et à toutes ces parties mémorables dont les anecdotes resteront gravées dans ma mémoire, tel un précieux trésor. Je me souviendrai toujours que c'est avec vous que tout a réellement commencé. La passion dont je parle dans ce livre n'aurait jamais été aussi puissante et pure sans ces moments privilégiés que nous avons vécus ensemble. Elle est aujourd'hui un précieux atout dont vous avez été l'âme et l'inspiration.

Merci aux nombreux Québécois qui m'ont accompagné à Las Vegas, arwtribué à ma motivation et, surtout, à la magie et à l'intensité de ces moments historiques. Je sais au fond de moi que, sans vous, cette aventure inoubliable n'aurait jamais eu la même saveur.

Merci à mon commanditaire PokerStars pour la confiance témoignée à mon égard. Je suis fier d'être membre du plus grand site de poker au monde, mais surtout d'une entreprise si intègre, où l'esprit familial règne entre tous les membres.

Un merci tout spécial à Guy Laliberté, qui n'a pas hésité un instant avant d'accepter d'écrire la préface de ce livre. J'avais déjà un immense respect pour cet homme, un respect qui n'a fait que grandir à son contact. Guy est un exemple de persévérance et de réussite québécoise, qui m'inspire dans mon propre cheminement.

Je tiens à remercier mes agents Yves Bouchard et Philippe Jetté de Poker Solution (www.poker-solution.com) pour leurs précieux conseils et tout le temps consacré à me faciliter la vie. Sans eux, rien de ce qui est arrivé au cours de la dernière année n'aurait été possible.

Ma gratitude va également à Martin Lalonde, M.B.A., C.F.A., de la firme Les Investissements Rivemont, pour le partage de son expertise au service de ma gestion financière et surtout pour son approche personnalisée et son immense dévouement.

Merci à PrincePoker (www.princepoker.com) pour la couverture médiatique complète des performances québécoises aux Séries mondiales de poker, autant en 2010 qu'en 2011. Son équipe a grandement contribué à la visibilité que j'ai pu obtenir et elle poursuit son travail remarquable pour accroître l'exposition médiatique des joueurs de poker du Québec.

Je veux finalement remercier Serge Rivest et toute l'équipe des Éditions de l'Homme pour avoir assuré la réalisation de ce livre. Je suis choyé d'avoir pu profiter de l'esprit aiguisé et de la plume émérite de Serge et d'avoir été entouré par une équipe professionnelle qui n'a ménagé aucun effort pour mener ce projet à bien.

Merci à vous tous! D'une manière ou d'une autre, vous êtes tous les artisans de l'accomplissement de mon rêve.

TABLE DES MATIÈRES

Suivez-nous sur le Web

Consultez nos sites Internet et inscrivez-vous à l'infolettre pour rester informé en tout temps de nos publications et de nos concours en ligne. Et croisez aussi vos auteurs préférés et notre équipe sur nos blogues !

EDITIONS-HOMME.COM
EDITIONS-JOUR.COM
EDITIONS-LAGRIFFE.COM

MARQUIS
Marquis imprimeur inc.

Québec, Canada
2011

Achevé d'imprimer au Canada
sur papier Enviro 100% recyclé

100%
BIO GAZ ÉNERGIE